U0524460

反套路经济学

经济学家和我们想的不一样

[美]史蒂夫·兰兹伯格
(Steven Landsburg) 著

周盟 译

北京联合出版公司
Beijing United Publishing Co.,Ltd.

目录

前言：一段旅程的开始／001
这本书是怎么来的，以及它关于什么。

第一部分　真实与虚幻

一　何物存在／004
为什么万物存在，而不是空无一物？我能给出的最好答案是：数学是必需的，数学存在所以万物存在，因为万物本质上是由数学构成的。本章还简要涉及人工智能问题。

二　遗留问题——红火的香蕉生意／020
上一章里的遗留问题：经济学模型的属性和目的。

三　理查德·道金斯的谬误——关于上帝是否存在 / 027

为什么道金斯针对智能设计论的反驳观点是不正确的——以及有关上帝是否存在的数学分析。

第二部分　信念

四　白日梦信仰者 / 040

大部分信念的形成都是欠缺考虑的，因为坚持大部分错误的信念是毫无成本的。在回到我们的信念和知识是从何而来这个问题之前，下面几章会探讨这个观察的结果。

五　遗留问题 / 044

上一章里的遗留问题：色觉是怎么产生的、声波和水波，以及纯粹疯狂的贸易保护主义。

六　是否眼见才为实 / 054

我们对于自由意志、超感官知觉以及来世的那些欠缺考虑的信念。

七　第欧根尼的噩梦 / 062

合理的分歧是怎么产生的？如果你与某个同样智慧和博学的人争论，你是否应该相信他的观点，就像相信你自己的一样？事实上，我们仍会坚持分歧这件事本身就强有力地证明了我们并非真的关心真相是什么。

第三部分 知识

八 要懂数学／076
数学知识是从哪里来的，还有为什么只有证据和逻辑是不足够的。

九 遗留问题——大力神和九头蛇的传说／085
上一章里的遗留问题：大力神和九头蛇的传说，还有对大数规则的探索。

十 不完备的人类思维／091
哥德尔的不完备定理，以及为何它无法说明人类知识的局限性。

十一 逻辑规则和大肚猪的故事／096
逻辑思维的力量，另外涉及一些最违背直觉的数学定理。

十二 证据的规则／106
我们可以和不可以从证据中得知什么，另外探讨有关学前班是否有经济价值，以及互联网色情是否能够防止强奸案的问题。

十三 知识的局限／117
物理学告诉我们什么，不能告诉我们什么，我们可知什么，不可知什么，另外理解海森堡的不确定性原理。

十四 遗留问题——量子纠缠／124
量子世界的奇妙，还有为什么博弈论者如此关注量子理论。

第四部分 对与错

十五 如何分辨对错／137
一些关于对与错、生与死的困境问题。

十六 经济学家的黄金准则／147
一个最简单便捷的行为准则。

十七 如何做到有社会责任感——经济学家黄金准则的使用指南／153
如何在实践中应用经济学家黄金准则。

十八 别做个"混蛋"／163
古福斯和嘉伦特如何对待移民政策。

十九 游乐场上的经济学家／171
相对于我们在游乐场上那些思虑周全的有关公平的信念，我们在菜市场和投票亭里有关公平的信念又是如何欠缺考虑的。

二十 遗留问题——让犹太拉比分馅饼／184
古老的塔木德学者们是如何预料到现代经济学理论的。

第五部分　心智生活

二十一　如何思考／198

一些如何清晰思考的基本原则，绝大部分是关于经济学的，但也涉及算术、神经生物学、原罪，还有如何避免胡诌。

二十二　学习什么——给大学生们的建议／217

一些给大学生的建议：远离英文学科和谨慎接触哲学学科。同时简要谈谈弗兰克·拉姆齐的非凡一生。

附录／229

致谢／240

前言：一段旅程的开始

我很喜欢人们跟我谈论他们的童年，但是他们得简短一点，要不然我会忍不住谈论我的。

——迪伦·托马斯

上幼儿园的第一天，罗森博格夫人给我们介绍了每日例行活动：午睡、游戏时间、课间餐时间——还有每天下午2点，集体"穿越大厅"。

她完全没说穿越大厅要去哪里，也没有解释原因，但我也从来没觉得奇怪，因为我从来不会对任何事情产生怀疑。我的整个小学生涯也充满了困惑：比如上六年级的时候，我掌握了所有我需要知道的纺织业知识，但从来都没问过到底什么是纺织品，甚至都没有想过纺织品是不是真实存在的一种物品。如果有人硬要我猜的话，我可能会说纺织品有点像油毡布，但是我连猜都没猜过，甚至都不知道有什么可以猜的。

不管怎么样，到了下午2点的时候，我们都在教室外排好队，然后跟着罗森博格夫人穿越大厅。我很愉快地跟着大家的步伐，直到我们转了个弯然后撞上我整个5岁人生里见过的最不祥的东西——墙上挂着一个标志，标志是亮着的，所以没有人会质疑它的重要性——上面写着"火灾出口"，还有一个大红的箭头指向我们走向的方向。

那一刻，我完全不知道"出口"这个词是什么意思，但我肯定知道"火"是什么，我绝对不会跟着罗森博格夫人或者任何人直接走进大火里。所以我掉头回到教室，然后安静地等着其他人被大火焚烧的消息传来。

我从来没想过要去警告其他人，大概我觉得他们在上幼儿园之前还不认字是他们自己的问题。或许当时我认为最好还是低调一点，免得那股控制了罗森博格夫人的神秘力量找到我，然后用大火把我烧了。我也不记得自己有多紧张，我就是在教室里静静地坐着。等其他人回来后，尽管和我所预想的不一样，我也没有对大家都安全返回这件事感到特别惊讶和好奇。

所以从那时开始，只要快到下午2点，课堂里的其他人都会排队去穿越大厅，而我就在桌子边上安静地坐着。罗森博格夫人也从来没说过我什么。她带着整个班级从大厅穿过，过了一会儿又回来了，我一直坚信他们这么做会被大火烧成灰，但我确实开始好奇他们到底去哪儿了。

这是我上幼儿园时期最大的两个困惑之一。另一个困惑是：每天下午2点半，罗森博格夫人会指派一个学生带我上洗手间。我从来不清楚为什么把我单拉出来带到洗手间，虽然别的学生也是需要上洗手间的。但也可能他们不需要，可能他们都是钢铁制成的机器人，这也就能说明为什么他们从大火里穿过还安然无恙。

有一天，罗森博格夫人拉了一把椅子坐在我课桌对面问我："你为什么不愿意跟我们一起穿越大厅？"我觉得如果告诉她我怕火会很尴尬，所以我说："我只是不喜欢而已。"带着幼儿园老师特有的温柔和坚定，她说："好吧，那以后你必须得去。"我说："好。"

那天晚上我睡得还好，我没有感到恐慌，也没打算逃跑。我接受了这一事实，和其他同学一起平静地穿越大厅，然后从此在这个世界上消失，他们曾经安全穿越这件事并没有给我提供任何理性的参考。明天我们会穿越大厅，然后再也回不来了，就这样吧。

但是第二天的下午2点，我内心的平静感开始消失。我不得不鼓起勇气站在队伍里，因为罗森博格夫人说我必须这么做，那我就这么做吧。

我们穿过了大厅，路过了那个直指我们死亡之路的标识，但是——可能读者们也预料到了——这个旅行的目的地根本没有火，取而代之的，那里是一个洗手间！

在洗手间里，我获得了我人生里最令我震惊的智慧感悟。我本来有两个完全不同的困惑：一个是，我的同学们每天都去哪里了？还有一个是，为什么是我，而且只有我，每天要单独被人带到洗手间？结果这两个困惑竟然有着同一个答案。就在那一刻，我意识到这个世界如此精妙、美丽、复杂，而且万物交织，而真正的理解取决于有没有把所有线索都理顺。

当我告诉罗森博格夫人"我只是不喜欢"穿越大厅的时候，我很肯定她感受到了我的尴尬，而且我很肯定她以为上洗手间这个事让我觉得尴尬。不像我，可怜的罗森博格夫人从来没有感悟过这么伟大的真相。

那天之后，我再也没有害怕过那个火警标志。生活这么丰富多彩，根本没时间浪费在琐事上，比如担心为什么有人要挂一个误导人的标志，或者纺织品到底是什么。所以我在5岁就弄清楚了人生的优先意义何在。

虽然我下定了决心要着眼全局，但10岁的时候我就很肯定地要把生命献给哲学研究了，因为所有其他的人生路径看起来都充满了危险。你可以去建造桥梁、写诗或者治疗癌症，但是如果人生不染指哲学，你怎么知道一座桥、一首诗或者一项医学突破是有价值的成就呢？

几年后，我再一次经历了人生的顿悟，让我从选定好了的事业路径上转移。首先，所有的路径都充满了危险。如果我把生命献给哲学研究，结果在92岁的时候发现我想上医学院，该怎么办？另外，为什么要花长达50年的时间，就为了深入研究然后发现治疗癌症是有意义的？

这个顿悟动摇了我的志向，于是我漫无目的地度过了几年，直到在有一天，青年的我碰巧读到了一本书，叫《狭义相对论中的时空》（$Space\ and\ Time\ in\ Special\ Relativity$），作者是康奈尔大学的教授大卫·莫民，我突然发现思考对我而言是可行的，我的意思是真正的思考。莫民教授用极度清晰的语言和美妙的行文，给我展现了怎样从几个简单而清晰的假设开始，逐渐引出它们的逻辑结论，并构造出一个伟大而完全无法预料到的有关时间和空间属性的图景。这本书是一个大学一年级学生的物理学入门课程，但是对当时还没上大学的我来说，它令人叹为观止。

很多年以后，我开始思考人口的问题，特别是"如何来界定合适的地球人口规模?"这个问题。举个例子来说:一个世界有10亿幸福人口更好?还是有100亿不那么幸福的人口更好?我们应该以最大化的幸福总量为目标,还是以人均幸福量或者其他评估指数为目标?

我从几个简单、清晰而且我认为每个人都会认同的假设开始,逐渐推演出它们的逻辑结果。尽管我只是解决了部分问题,我还是很高兴地发现我最终推导出的等式跟莫民教授在另一篇论文中推导出的一模一样,那么我的问题和他的问题在结构上就有了一个意料之外的相似性。我给莫民教授寄了一篇我的论文,上面放了一封信,用来感谢他给予我一生的灵感和启发,他的回复我至今还珍藏着。

尽管莫民教授的书深深地震撼了我,我却从来没想过要去研究物理学;我一直怀疑,我不是那种能在实验室精密仪器前静下心的稳重之人。所以我上大学后,不断从一个专业跳到另一个专业(分别是英语、历史、政治学)。直到有一天,我的朋友鲍勃·海曼,一个优秀的数学专业天才学生,告诉我无穷集的大小各异,有些比其他的要大很多。这个听起来虽然有些怪异,但是刺激了我想要了解更多的欲望。在鲍勃的推荐下,我选了一门集合论的课程,从此就热爱上了数学。

我热爱数学跟热爱那本相对论的书的理由是一样的——它们美妙、逻辑清晰,还蕴含着深刻的真理。从那时起,我集中修了大量的数学课,几乎到了忽略大学其他必修课的程度,以至于没法拿到学位。

幸运的是,当我确定没法拿到学位之前,我就已经被芝加哥大学的研究生院录取了;更幸运的是,芝加哥大学并没有问我是否读完了大学。

在芝加哥大学学习数学的时候，我有幸被一群生气勃勃的经济学专业的学生邀请参加他们每日的午餐自由知识讨论会。我们像阿尔冈琴圆桌会[1]一样思考，但带着更多实质的讨论内容——不只蕴含着智慧的火花，同时还有令人醍醐灌顶的启示。我得知经济学家也同样要掌握一些专业技巧，以便能够通过简单的假设和逻辑推理步骤得出出人意料的结论。我想掌握这些技巧，而我的朋友们恰好是优秀又耐心的老师。

我用了我的余生去寻找——让我感到惊喜和愉快的是，我找到了同样精力充沛、才华横溢、幽默风趣并且热爱真理的朋友，就像我第一次在研究生院遇到的一样。这30年来，我把午餐会伙伴当成我幸福美好一生里最值得珍视的部分。

后来我选择从事学术研究并同时教授数学和经济学，过程中也涉及一点物理学研究，但我从来没有忘记对哲学里的重大问题的沉醉——宇宙从何而来？万物为何存在？如何获取知识？是什么证实了信念？我们如何辨别是非和好坏？我们应当如何度过一生？

哲学家在面对这些问题时有一套有效的思维方式，但是非哲学家也可以。物理学家知道有关宇宙起源的知识，数学家知道有关现实的模式，经济学家知道我们的选择如何影响他人的生活，这些跟如何分辨是非都息息相关。因此我相信这些学科能够为解决一些哲学问题提供最好的工具。

如果有一个拿着锤子的人告诉你所有东西看起来都像钉子，你应该质疑他的客观性。当一个对数学和经济学有所涉猎

---

1 阿尔冈琴圆桌会（Algoquin Round Table）是20世纪20年代左右，由纽约市的一些作家、评论家、演员组成的一个非正式聚会，地点在纽约的阿尔冈琴饭店。

的人告诉你，哲学问题可以通过数学和经济学来解决，你有权给他同样的反馈。但在这里我认为因果关系是相反的：我被引导进数学和经济学里，是因为它们能够阐明这些哲学里的重大问题。我先看到了钉子，然后才去找的锤子。

在这本书里，我会告诉你我对现实本质的看法，知识的基础以及伦理道德的根基。我不敢说我的任何信念一定是正确的，但是我会解释为什么我认为它们是合理的——而且比任何其他信念更有可能正确。（当然，我也可能最终被新的观点征服。）

在这个过程中，我会偶尔偏离主题提到科学、数学和经济学里的一些碎片知识，有时是为了阐明某个观点，有时只是为了趣味性。所以我们会学习到一些大数字的知识、色彩视觉的运行机制、海森堡不确定性原理的真正含义、《塔木德》法典给出的分割破产财产的方法等其他很多内容。

就像有关童年的记忆一样，我对哲学的漫谈也是没有顺序、没法终止的。所以有时候我会把话题拉回来，有时候我就继续新的话题了。

新颖的想法是罕见的，我的这本书里包含的也确实不多。有些人可能早已涉猎或驳斥过我所提及的一些想法和观点。但我希望我能用一种新的方式将它们呈现出来，并激发你思考的兴趣，让我们享受这整段旅程。

第一部分
真实与虚幻

一 何物存在

为什么万物存在,而不是空无一物?我能给出的最好答案是:数学是必需的,数学存在所以万物存在,因为万物本质上是由数学构成的。本章还简要涉及人工智能问题。

二 遗留问题——红火的香蕉生意

上一章里的遗留问题:经济学模型的属性和目的。

三 理查德·道金斯的谬误——关于上帝是否存在

为什么道金斯针对智能设计论的反驳观点是不正确的——以及有关上帝是否存在的数学分析。

第一部分 真实与虚幻

经济学家约翰·肯尼斯·加尔布雷思曾经介绍过他和太太在婚姻里的分工：他的太太负责处理小事情，他来处理"重大问题"。所以加尔布雷思太太可以决定在哪里居住和生几个孩子这样的事务，加尔布雷思先生则负责制定外交政策和修订税法。

这本书与一些更重大的问题有关，而第一部分则是所有问题里最重大的一类：什么是真实存在的，为何存在？我们是由什么造就的，我们的意识又是如何形成的？宇宙是由什么构成的？我们该如何看待上帝？万物生成的最终起因是什么？

在这个过程中，我们也会探讨数学的理论基础、人工智能的前景、经济学模型的本质和目的，以及生命的起源。

一 何物存在

> 上帝用数学书写了宇宙。
>
> ——伽利略·伽利雷

为何世界有万物存在,而不是一片虚无?为何宇宙存在,而不是空无一物?银河星辰和山川大地从何而来?蜈蚣和彩虹又出自何处?万物都从何而来?

曾经有很多年,这些问题都让我深深着迷,但我却无从思考,我甚至没法想象答案看起来会是什么样的。我一直毫无头绪,为此苦恼不已。

有可能答案根本就不存在,也有可能仅仅是因为问题本身存在误导性。比如"为什么我的电脑恨我?"这样的问题,实际上你的电脑根本不恨你,只是当你运行软件时,它给你这样的感觉而已。当你的光标在屏幕上完全不动时,大脑的一部分会被误导着作出寻找恶意起因的错误判断。也许大脑中同一个区域也会被误导着寻找宇宙的起因,而宇宙可能就是一直存在的,没有起因,仅此而已。

但我认为"假定万物都有起因"总体而言是一个好的策略,万事万物往往都有起因,哪怕它们没有,探寻不存在的起因的过程往往能比一开始就拒绝寻找起因学到更多的东西。除此之外,我似乎也无法停止寻求起因的脚步。

所以我冒着犯错误的风险,假定宇宙的存在绝非巧合,背后必然有一些因由。而且如果是一个很有说服力的因由,它应该不只能够解释为何宇宙确实存在,还能解释它为何必须存在。

那么一个好的开始就是,我们扪心自问,我们是否知道任何事物——不止是整个宇宙——不仅存在,而且必须存在。我想我知道一个清晰的答案:数字必须存在,运算法则也必然存在。在任何可能存在的宇宙里,2加2都等于4,而且即便是没有宇宙存在的情况下,2加2也等于4。

运算法则是永恒且不变的,我要说的远不止如此。永恒意味着时间意义上的永恒,但数学的存在超脱了时间的范围。即使时间不存在,数学依然存在。

我为何这么说?会不会这也是大脑被误导的一种结果呢?你可以反驳说数字其实是人类的发明,运算法则是经验总结的规律,并不一定是必然存在的真理。例如,你把两块石头放在桌子上,再把另两块石头放在桌子上,然后你认识到此刻一共有四块石头,同样的事情会一遍又一遍地发生,所以你得出"2加2等于4"的结论,就这么简单。但我非常肯定这是不对的,我与那些相信"2加2等于4"不单是一个有关石头或者任何物体的真理的人们立场一致,这是一个有关数字的真理,而且早就在有任何人存在并可以用物体来数数之前就存在了。

哲学家保罗·贝纳赛拉夫曾经提出一个思维实验，简单而巧妙地区分了以上两种观点。假设你在餐桌上放了两块石头，然后再放两块，最后数起来发现一共是五块石头。之前不管你什么时候这么做最终都是四块石头，但这次很奇怪的是一共有五块。

你一开始以为可能是你数错了，或者没有发现开始之前桌子上已经有一块石头了，但反复试下来，同样的事情一直在发生。有两个朋友过来与你一起午餐，随后又有两个人加入，但不知怎的，一共有五个朋友与你共进午餐。你从地下室开始往上爬了两层楼，然后又爬了两层，但不知怎的，你到了五楼。

最终，你不得不总结说有些事情发生了变化。但是究竟是什么变了？你可能会说是数学的法则有了变化——2加2曾经等于4，但现在等于5。或者你可能会说物理学的法则有了变化——2加2曾经等于4，过去一直如此，但物质世界不再遵守这个法则了。

从很多层面来看，不管你选择哪种说法都没关系。不管哪个方式，你所说的都是数学的旧法则，都对描述物质现实世界不再有用了。但你所选择的说法可以透露出很多你的直觉本能。如果你把数学看作人类创造发明出来的东西，目的是解释世界，那你可能会很轻松地说"好吧，是时候抛弃掉旧的数学法则来创造一个新的了"，而且你会相信一旦我们对旧法则弃之不用，它就会在某种程度上站不住脚，直到最后湮灭。

但是如果你像我一样，将数学法则视为必然存在的真理，你就会用完全不同的方式来看待这件事。届时，你想要做的可能就不是摒弃旧的数学法则，而是旧的物理法则。旧的物理法则认为当你把两个物体放在一块时，你可以通过加法来预测总数；而新的物理法则会认为你应该适应某个比加法更复杂的法则，但加法本身是没有改变的。

我相信的是，运算法则既是不变的，又是必须存在的。数字是存在的，而且它们的存在是有必要的。不可否认的是，我在提到"存在"时表达有些模糊。很明显数字的存在跟餐桌的存在不是一样的方式：我的餐桌是由物理意义上的原子构成的，但数字肯定不是。不是所有事物都是以原子的形式存在的，就像我非常确信我的希望和梦想存在，它们不是由原子构成的一样，比如蓝色、相对论，还有关于独角兽存在的想法，它们没有一个是由原子构成的。

我深信数学存在的原因跟我的希望和梦想存在的原因一样，因为我能够很直接地感受到。我相信餐桌存在是因为我能够用手感受到。我相信数字存在、运算法则存在，相信欧几里得几何中完美三角形的存在，是因为我能用思想来感知到它们。

更合理的是，我相信数字存在是因为我知道有关它们存在的一些事实证据。比如，每个正整数至多是四个平方数的总和，这个事实一直都存在，但是它存在了很久都没有被证明过，直至1770年被法国数学家约瑟夫·拉格朗日所证明。在人类存在之前，运算法则就已经真实存在了，因此，数学不可能仅仅是人类的一项发明而已[1]。

---

[1] 关于"什么是真实的"和"什么是可证明的"二者之间的核心区别在于哥德尔著名的不完备定理，我会在随后的章节里谈到。如果想要了解更多，可以自行跳到第八章和第九章。第九章提供了一个明确的例子，展示了什么是真实的但却无法被证实的陈述。

那么，这就是我的第一个论断：数学对象——例如自然数和数学法则——是真实存在的[1]。我无法给出有关这个论断的绝对的证据，就像我无法向你绝对证明我是一个有思想的生物而不是一具僵尸。就这个论断而言，我不确定我能给出一个完美自洽的解释（但我承诺会在第八章和第九章回到这个问题上），但即便如此，我也知道这是真的。

而且你也知道这是真的。当你用不同的顺序把一列数字相加得到两个不同的结果时，你绝不会认为数学法则是前后不一致的，你反而会百分百肯定是自己算错了。为什么会这样？如果算术只是一系列随机的规则，它们就很可能是自相矛盾的。你确信它们并非自相矛盾，是因为你内心确信运算法则是跟一些事实相关的，这"事实"就是自然数（也就是说，可以数出来的数字比如0，1，2等）的存在。你我都知道自然数是真实存在的，而且它们不只是真实存在的，还是必须存在的。因为其本身的属性，它们无法不存在。

取决于各异的复杂程度，其他的数学结构也是如此。一个点是一个数学结构，尽管关于它并没有太多可讨论的地方。欧几里得几何——就是你在高中时学的东西，包含线、角和圆——则是更为复杂的数学结构。[2]自然数与运算法则一起构成

---

1 这个论断代表的是一个主流的观点，而且是在所有现有数学家中无可争议的唯一的一个主流观点。关于这一点请参考附录部分。

2 欧几里得几何给数学可以独立存在于任何物理表现之外提供了一个很好的例子。其实我们所存在的宇宙并没有被欧几里得几何准确描述出来。欧几里得几何学里的三角形内角和正好是180度。但如果你用三道钢梁铸造成一个三角形，那么这个三角形的内角和永远不可能加起来正好是180度。部分原因是空间本身是微微有弧度的，所以用欧几里得几何理论描述现实物质世界是有一点不准确的。同时也是因为不同于欧几里得三角形的边，钢梁永远无法绝对直并且无限细。欧几里得三角形是存在的，但它的存在超越了单一的物理现象。

了一个深刻复杂的数学结构。人类的基因与其本身的A、C、G、T四种碱基组合结构，是完全可以用数学语言来描述的，所以至少可以说数学就像人类的生命一样复杂，因此也如同你的大脑和意识模式一样复杂。

我相信每一件事物——你、你的意识以及你和我所居住的宇宙——都作为一种数学结构存在着。我会先解释为什么你的意识本质上是一个数学结构，然后延伸到宇宙中的其他事物。

所有的模式都是数学结构，而且意识即是一个模式的理论——你的大脑神经活动的模式——是人工智能的支柱理论，我们有时把这个支柱理论称为"强人工智能"，有时也叫"机能主义"。你的大脑里有上千亿个神经元细胞，这些细胞主要的功能就是互相传递信号。取决于刚刚接收的信号组合，一个神经元可能会也可能不会给序列里的其他神经元发射信号。根据机能主义理论，就是这样的活动模式（相对于神经元产生的模式来说）使你产生了意识。假设你要创造一个人工大脑，里面的神经元是由硅、废金属或级联弹珠组成，而且如果这些人工神经元跟人类大脑的神经元互动的模式是一样的，你所创造的大脑就能跟你自己的大脑一样可以产生意识。

丹尼尔·丹尼特在他的巨著《意识的解释》(*Consciousness Explained*)里，曾想象出一种品酒器。当你从斟酒器里倒了一杯红酒时，品酒器系统会作出反应："这是一杯口感丰富丝滑的皮诺酒，尽管缺乏后劲。"丹尼特因此总结出机能主义哲学的蕴意，那就是：

> 如果你能复制人类的品酒认知系统（包括记忆、目的和内在的偏好等），你就可以复制所有的思维属性，包括那些

品酒过程中带来的享受和愉悦感。

和品酒愉悦感类似的微妙感受能仅仅从一系列神经元发射模式中产生，看起来非常不可思议。但"仅仅"这两个字里藏着很大的偏见。如果让你和我去想象一个由一千亿个神经元互动形成的复杂网络是相当不可思议的，所以当我们试着想象时，我们顶多能想象出几十个神经元用一种复杂的方式互动，但这种想象会严重误导我们，这不仅没办法反映出相应的复杂程度，也无法反映出复杂的类型。实际的复杂程度相当于有上万亿潜在关联的系统，并包含了大大小小能反射和改变各自活动的各类子系统。

强人工智能主义者们会认为是模式本身——也就是在大脑中运行的软件而不是承载了软件的硬件（这里指神经元）——产生了意识。神经元是通过化学物质和电流信号进行交互的，但这些细节与意识的产生无关。因为如果你用装满弹珠的电子管代替这些神经元，通过把这些弹珠发射到空气中，意识也可以产生。丹尼特和其他强人工智能主义者，包括道格拉斯·霍夫斯塔特都曾尽心竭力地在这个问题上展开过论述，你可以把他们的书都阅读一遍。

如果你这样做了，你会读到霍夫斯塔特的一篇论文《和爱因斯坦的大脑对话》，在这篇文章中他设想了这么一本书，里面大概有一千亿页——每一页都代表爱因斯坦生命最后一天，他的大脑里的神经细胞活动。每一页里都有一串数字，代表了一个神经元细胞给另一个神经元细胞发射信号的过程，还有接收到的信号如何影响发射出去的信号等等这样的信息。这本书还包含一系列关于如何调整这些数字的规则，用来反映那些被发送和接收的信号（用来模拟大脑储存记忆的方式——在何种情况下，哪个神经细胞会发射信号，对应的规则就会做出哪些变化）。书中还有一个前言，描述了爱因斯坦大脑里的神经元信号在任何视觉或听觉的刺激下传递的精确模式。

那么现在你就可以与爱因斯坦对话了。你说："你好，爱因斯坦教授，你今天感觉怎么样？"你的声音被当成一串音符的形式记录下来，接下来：

我们先拿第一个音符来说，参考前言里描述的模式，看看它会导致哪一个神经元细胞发射，信息如何发射。也就是说，我们看出具体每一页的数字要如何变化。然后我们不畏艰辛地翻遍这本书的每一页，并且推进这些变化。我们可以喊"第一回合开始"，然后开始翻这本书，一个神经元一个神经元地来，但事实上只会有一部分神经元在发射信号，所以我们必须考虑到这一点。那意味着我们必须进入那些接收到这些信号的页面，并且按照"随结构改变的数字"的指示来修改页码，这就是第二回合。随后这些神经元会按部就班地把我们带领到其他页面的神经元，就此我们在大脑中开始了一段快乐的循环旅程。

有可能每一页上的神经元用来发射的时长是特定的——也就是在真实世界中，比如在爱因斯坦的大脑里神经元发射所需要的时间——最好用几千分之一秒来衡量的特定时长。当这些回合无限继续下去时，我们把这些发射时间加起来，直到它们等同于第一个音符的长度，我们再开始下一个音符……

最终会导致某个"语言神经元"开始发射……

然后我们再参考那些列举语言神经元发射信号对口型和声带收缩产生什么样的影响的表格，推导出爱因斯坦在"说"

什么。

现实中，这个流程操作起来可能要花费成千上万年的时间，但从原则上看，我们可以毫不怀疑地得出结论：在实验中，我们会得到跟爱因斯坦本人说的话一样的回应。因为毕竟他本人的回应也完全是由口型和声带收缩产生的，而这些也全凭语言神经元的发射决定，而语言神经元的发射又是由其他神经元的发射引发的，最终回溯到最开始的神经元发射，而最开始的神经元发射又是由提问者的音符所触发的。

更好的是——如果不按照霍夫斯塔特的建议用手一页一页地翻书——想象你雇用了一群精力充沛的人用近乎光速的速度替你翻书，那你就可以跟爱因斯坦教授实时对话了。

这个系统对任何的外部刺激，比如每个问题、每个声音、每个影像的反应跟爱因斯坦本人的都是一模一样的。那么霍夫斯塔特接着提出了疑问，我们是否应该质疑这个系统可以跟爱因斯坦一样能产生意识呢？[1]

你的思想，换句话说，就是软件，而你的大脑只是硬件。同样的软件即便是在不同的硬件上运行产生的仍然是你的思想。

或者可能不是。哲学家约翰·塞尔认为人的思想本质上是一种生物过程，是血和肉的产物。他警告大家不要把对这个过程的模拟看作是这个过程本身。你可以编写一个计算机程序来模拟胃里的每一个细胞以及它们所有的互动，但这些仍然不

---

[1] 以上我用的是霍夫斯塔特的论述方式，但我确信真实情境中所发生的事会更为复杂一点。爱因斯坦教授在真实世界中的回应可能不只是取决于我们问题本身的刺激，也可能取决于房间的温度、他视线里刚刚走过的漂亮姑娘，以及他身上从鼻窦到膀胱的各个部位的状况。但原则上，我们也可以模拟这些因素。

能消化食物。那么为何一个计算机程序——即便是能够模拟你大脑中每一个神经元以及所有神经元互动的程序——能够进行思考？

如果塞尔的观点是正确的，那么意识就不仅仅是神经元发射的一种模式了。不过它从深层意义上看仍是一种模式——比如相对于神经元模式来说，它可以是你大脑中那些原子的互动模式。但如果说意识在任何层面上都不是一种模式，我就不确定它还能是什么了。

意识很明显是一种软件，宇宙是硬件。那么所有的硬件都来自哪里？我怀疑硬件也是纯粹由数学构成的。之所以这么怀疑，是因为物理学家弗兰克·蒂普勒的一本著作给了我引导，这本前沿而独具创新的书叫《不朽的物理学》（*The Physics of Immortality*），里边的一系列附注论述说：如果软件足够复杂精细，都能产生意识，而且不会因为所运行的硬件而造成任何差别，那么这个硬件就应该是可有可无的。一旦认定硬件是不重要的，那么为什么一开始你还需要硬件呢？复杂的软件是一个纯粹的数学对象，所以如果数学存在，那么构成你思想的软件就在——完全独立于硬件。而且足够复杂精细的软件仅仅因其自身的存在就足以产生意识。

作为一个经济学教授，我的部分工作就是写下这些简单经济（换句话说，即虚拟经济）的数学描述（我们称之为"模型"），并且预测那些经济体系里的居民们会作何反应，比如说如何应对税收政策的改动[1]。我有一些同事喜欢在电脑里把这些模型程序编写出来，以便观察模型中人们对各类政策实验的

---

1 若此处表述略显模糊，我会在下一章中给出一个类似模型的例子。

反应。

现在假设我的这些模型已经达到了不可估量的精细和复杂程度：那么与其给每一个模型世界里的居民指定一个单独的数学符号，不如给每一个居民大脑中的神经元指定一个单独的符号，而且我会很认真地把所有神经元的互动都记录下来。那么，根据强人工智能主义的观点，如果我的同事把这个模型在电脑里装载并运行，模型里的居民们会感受到真实的意识[1]。不止如此，他们还会感觉模型世界就是真正的物质世界。这是一个飞跃式的发现，但我觉得它仍然不是一个很了不起的发现。如果一个模型可以在任何电脑上产生意识，那么电脑自身就不会是这个过程中重要的一部分。那么为什么模型不可以在完全脱离电脑的情况下自己产生意识？（另一方面，所有我认识的人都认为这是一个比我想象的更了不起的发现。）

但是，任何我能写出来的模型都是存在的——作为数学结构存在——早在我能构想到之前就存在。所以模型中的人们可能就是在某处存在的，生活在一个对他们而言是完全真实的世界。而且可以想象的是，我们就是他们。[2]

换句话说，宇宙自身就是一个数学模式，包含你我的意识，就像包含各类子模式一样。宇宙存在是因为它可以存在；一个合乎逻辑的宇宙就是一个数学对象，而数学对象是必然存在的。大部分这样的对象是相当平凡无奇的，一个点也是一个数

---

1 我很确定有一些人工智能的研究者会不认可这个较为扩大化的总结，但我肯定这个总结确实抓住了很多人工智能研究者所相信的理念的精髓。

2 从另一个方面来说，一个经济学模型中的居民和你我的存在，是完全不同的：一个经济学模型可以装载在一台电脑上而且可以在不同时间展现出来。相比之下，宇宙不能在不同的时间呈现，因为时间就是构成宇宙的一部分。就像宇宙不止是存在于阿拉斯加一样，它也不会随着时间延展。

学对象，但它也是你能想象到的最无聊的对象。确实，一个模式如果包含像意识这样的子模式，是很少见的。弗兰克·蒂普勒曾有一个精彩绝伦的建议，那就是我们可以把子模式作为现实物理世界存在（相对于纯粹存在于数学中）的定义，用另一句话说：

> 如果宇宙内的居民们能感知到宇宙是存在的，那么宇宙在物理意义上就是存在的。

所以我认为你的餐桌、你收藏的影片还有你的岳母都是数学对象——并且是一个更大的数学对象，也就是宇宙里的子对象。观察一个数学对象并把它当作现实中存在的物体奇怪吗？我认为，这好比观察一个物体，然后感知到它是绿色的一样不足为奇。色彩不是一种物理属性，它是被你的神经系统强加于物体的属性。[1]但是如果你的大脑能够把色彩感知为现实存在，为什么它不能感知物质？

这并不是说我们所生存的宇宙不是由量子力学原理、自然选择原理还有所有其他正统科学所主宰的。所有这些规律——和指导我们发现这些的方法论——都是宇宙作为一个数学结构所涵盖的一部分。

这里没涉及任何极端的想法。每一个现代宇宙学理论都是基于一个假设，那就是宇宙是一个数学对象——通常来讲是一个几何对象，它所涵盖的一些基础能量诸如地心引力和电流都是几何学所涵盖的几个方面而已。举个例子，地心引力是弯曲

---

1 更多内容第五章会详细论述。

的：苹果从树上掉下来是因为它们试图在一个弯曲的空间里以最直的路径运动。除了把宇宙描述成一个数学对象，也没有人有任何其他概念可以用来描述宇宙。我在此想表达的所有意思就是我们应当听从物理学家的理论所要告诉我们的。

很多宇宙学模型都假定我们的宇宙是一个更宏大的结构的一部分，这个更宏大的结构就是多元宇宙，里面涵盖了很多与我们的宇宙很相似的其他宇宙，但却与我们的宇宙历史在细节上有很多不同。在一些宇宙里，阿尔·戈尔会在公元2000年当选美国总统。在另一些宇宙里，他是2008年当选的。还有一些宇宙里，他是哈萨克斯坦的现任总统。当我提到"每一个可能的宇宙都存在"时，我不是在谈论多元宇宙。多元宇宙本身也是一个数学结构，它把我们的宇宙作为一个子结构包含进去，但是它也可能是众多数学结构中的一个。我断言每一个数学结构都是存在的，只不过有一些是没有物质实体的，有一些过于怪异以至于让我们无法理解。有一些是不同的宇宙，我们的宇宙就是其中之一；还有一些是多元宇宙，如果我们确实活在一个多元宇宙里，那么上述多元宇宙的其一就是我们的。

我很喜欢这个观点，不只因为它能解释我们的宇宙从何而来，还因为它消除了可能存在和真实存在这两者间的界限。如果有一些宇宙只是可能存在而其他的是真实存在的，那如何区分开哪些是真实存在的呢？我的下述理论会使这个令人费解的问题从根本上变得不可能，那就是：任何可能存在的宇宙就是真实存在的；没有必要去解释为什么我们的宇宙有存在的特权，因为所有的宇宙都是真实存在的。

如果有人可以证明只可能有一个宇宙或者一个多元宇宙存在，我会是最开心的那个人，因为这也就是说，只有一个数学结构包含着意识的子结构（比如人类是存在的），这样我们就不仅能明白为何会有宇宙的存在，还会明白为何我们只会生存在这个特定的宇宙里。但能否产生这样一个令人满意的结果，我对此不抱有太大的奢望。

我不想把众多跟我观点相似的宇宙学家、物理学家、数学家以及哲学家们的著作再次赘述，但我确实很想提到一篇非常杰出而且论述清晰的论文，是由麻省理工学院一位叫马克思·泰马克的宇宙学家写的《数学宇宙》，发表在《物理学基础》的期刊上。

泰马克的论点是这样的：让我们思考一下科学涵盖哪些学科内容吧，比如说生物学。生物学有两个部分：一部分是化学，还有一部分用以把信息归类以便人类理解。化学可以在分子层面上描述人类的心脏和肺部的运行变化，但区分"心"和"肺"的方法是人类归纳创造的。在分子层面，人类的身体是由数以万亿计的分子构成的，"心脏粒子"和"肺粒子"没有被既定划分，是我们的大脑在二者之间创造了一个清晰的分界线，而生物学研究又极其重视这一人为区别，尽管这并不是一个客观存在的区别。（我的意思是，这样跟划分哺乳动物和爬行动物，生物和非生物，或者"我的一部分"和"你的一部分"没有什么区别。）泰马克教授把这样的划分称为生物学的"包袱"。所以生物学包含两部分：一部分是化学，另一部分就是"包袱"。

因此，化学也有两部分：一部分是物理学，一部分是另一种程度的包袱。物理学帮助我们了解一些基础粒子，比如质子和电子；化学则划分了一系列粒子的组合，并把它们命名为"分子"。然后再对各种粒子的组合体进行划分，称之为"金属"或者"稀有气体"。这些特殊的划分不是由任何基础理论决定的,而是由人类大脑所感知的模式决定的。把这些"包袱"去掉后的化学,所剩的就是物理学部分。

现在我们进一步挖掘这个观点。因此,物理学也有两个部分:一部分是数学,另一部分也是"包袱"——数学部分是用各种等式表现的,而"包袱"部分则是用人类大脑能理解的语言概念描述的(比如"质量"和"速度")。如果把"包袱"部分抹去,那么物理学剩下的只有数学。

那么现在就有了两种可能性:要么万物都是"包袱",这样的话除了大脑主观刻画出来的现实世界,不存在任何外在的现实世界;要么有一些事物是现实存在的,而且是独立于大脑的主观意识而存在。如果我们否认第一种可能性——用另一句话说,即我们坚持认为是有一些外在的、现实存在的事物——那么这样的现实世界是由什么构成的?这一部分肯定不能包括"包袱",因为从定义上来说,"包袱"只是人类大脑刻画出来的。但若没有"包袱"的存在,所剩下的就只有数学。所以数学肯定是构造宇宙的一部分。

我喜欢宇宙是数学对象这个理论,还有一个原因是这个理论给出了一个最难解的哲学问题的答案:在自然科学研究中,数学具有超出寻常的有效性。

诺贝尔获奖者尤金·维格纳就这个话题写过一篇著名的文章,文章中提出了一个问题(但没给出答案),为何数学语言能够以无可比拟的精确度来描述物理世界。对于那些微积分成绩低于B的人来说,二阶微分方程式仅仅是一个纯粹的数学结构,不包含任何直觉上的认知感受。而数学家却当作一种智力游戏来研究这些方程式。不过,二阶微分方程式其实是一种可以用来描述运动的语言，就任何可移动的物体，不管是飞驰的箭、掉落的苹果还是沿轨道运行的行星，它们都能给出一个令人惊奇的简洁而精确的描述。其他的例子比比皆是。一开始数学家们发明了一个概念，是因为他们认为这个概念美妙而优雅。而一个时代过后，物理学家又发现他们正需要同一个概念来描述宇宙运行的基础规律。比如，泛函分析是量子力学的语言；微分几何可以用来描述相对论；而我所专长的代数K理论也是专门为了研究在高度抽象的情境下的纯几何问题的，结果却发现可以将其应用在物理学的弦理论中。

正如维格纳所强调的那样，能用数学来描述宇宙是一个非凡的奥秘——而且还带有一点异乎寻常的幸运。可能解开这个奥秘的一个线索就是宇宙本身是由数学组成的这个认知。

人们常常认为复杂性只能从简单性中衍生而来，但这不一定正确，因为数学本身是复杂的，但它也不是从任何简单事物里衍化出来的，我会在第三章里更多地阐述这个话题。数学从一开始就是复杂的，而且自身涵盖了人类所能发现的最复杂的模式，从星系的演化到人脑的构造，再到国家橄榄球联盟的限薪制度。所以为何还要去别处寻找一切的起源呢？

二 遗留问题——红火的香蕉生意

> 经济学家通常会弄错复杂的模型，但却对概念比较精通……同样地，一个汽车修理师知道换机油对你的引擎有好处，但他无法说出你的车明年会出什么毛病。所以你不应该只是因为修理师不知道你的电池何时会报废，而忽视他给的换机油的建议。
>
> ——斯科特·亚当斯

我很希望能尽快地多讨论一些关于算术、宗教和现实的话题，但我要先处理上一章里还没有完成的一些任务，上一章里我承诺会给出一个经济学模型的例子。

一个模型就是一个虚拟世界，这个世界既足够简单，简单到可以让我们完全理解，又足够复杂，能教会我们一些我们所生存的现实世界是如何运行的道理——它就像一个神话寓言，但是更具说服力。如果我告诉你"保持缓慢但发挥稳定的话就能赢得比赛"这个道理，但你执意不愿相信我，我就可以说："好吧，让我们来想象龟兔赛跑的故事……"这就是寓言而非模型了，因为这个想象并不够充分。如果让它变成一个模型，我可能会说："让我们来想象有这么一只兔子，它每小时能跑20英里但每跑五分钟就要睡一个小时，而一只乌龟每小时只能跑5英里[1]，但它从来不停下来休息。现在我们来计算一下它们俩跑30英里的比赛各自要用多长时间。"这才是一个模型。

如果想让模型更容易被驾驭，我们可以让它们更简单一点，要想更简单，那我们就应该使其更脱离现实一点。如果你从来没有学习过经济学，那这种明显的脱离现实可能会使你抓狂。为了表明这一点，这里有一个模型，改编自诺贝尔奖得主小罗伯特·卢卡斯给出的一个例子：

假如说在这么一个世界里，每一年正好有20个人出生，每个人都只活两年就死去。那么在任何一年里，这世界上都有20个老人（一年前出生的人）还有20个年轻人（刚刚出生的人）。把这些人随机分布在两个城市。这世界里还有一个政府，会不定期给老人发钱。年轻人则靠种香蕉生存，他们既可以吃了这些香蕉，也可以把这些香蕉卖给老年人——用来换取金钱，他们可以在变老之后用这些钱来买香蕉。

我刚刚是用语言描述了这个模型，但所有的语言描述都可以被转换成纯粹的数学。在对人类的偏好设定了一些假设后（比如，香蕉是喜欢的，工作是讨厌的），就可以预测出一个理性个体会在这样一个世界中做出何种行为，还可以确定他们讨价还价的方式以及最终的价格。

1　1英里=1.609344千米（公里）。

卢卡斯教授获得诺贝尔奖主要就是因为这个模型，它为整整一代人对宏观经济学的研究铺好了路。为何经济学家如此倾心于这样一个完全偏离现实世界的模型呢？

首先，卢卡斯模型确实抓住了一些有关现实世界的重要本质：人类会从年轻人变成老年人；人类在年轻的时候工作、储蓄，当年老的时候再花钱。关于工作多少和储蓄多少，他们需要做出决定。而且最重要的是，他们面临着不确定性。在这个特定的模型里，不确定性主要集中在两个问题上："有多少人生活在我所在的城市里？"和"那些人都有多少钱？"。

不确定性让人们做出规划变得困难。如果你是一个年轻人，而且你注意到了香蕉价格的上调，那你可以用以下两种不同但是都非常合理的方式来面对：

如果我比较幸运，生活在一个年轻人比较少的城市——香蕉供应比较少。这就是我赚钱的机会了，我认为我会拼命努力种香蕉。

如果政府刚刚给老年人发了一大笔钱。这些老年人感觉自己很富有，于是他们疯狂地购买香蕉。但是他们所花的钱因为通货膨胀贬值了，而且有可能会一直贬值下去，那为什么要努力工作赚取被贬值了的钱呢？所以我认为我还是随遇而安吧。

年轻人可能会在以上两种方式里摇摆不定——因此会在他们的行为方式里有所平衡。平衡的结果就是他们不会疯狂工作，但确实会在工作上稍稍努力一些。

现在假定政府刚刚发了很大一笔钱，那么每个人都会开心一阵子。老年人开心是因为他们得到了一笔钱，年轻人开心是因为他们认为自己有可能会变富有。

但是等到明年，当这些年轻人变老了，开始花掉他们的钱时，他们就会受到打击。因为他们赚取的钱已经不怎么值钱了，那么过往所有努力的工作，不能说完全徒劳，但是也必然没有之前期望的那么值钱了。如果他们最开始就知道这个结果，他们可能会选择一个更轻松的生活方式。简而言之，他们被骗了。

这里的本质是：当政府加印了货币，每个人都会暂时高兴一阵子。但他们中的很多人都被骗了，并且最终他们会对之前取得的"财运"感到后悔。

这是不是跟现实世界中发生的情况相符？当然不是，现实世界跟这个千差万别。

况且现实世界里还有一个重要的原则：当政府加印货币的时候，物价会上涨。物价上涨的话，劳动者们就会注意到他们得到的报酬有所增加，于是至少稍微地忽视了一个事实——他们实际上挣的是贬值的钱。所以他们会更加努力地工作，但到了最后，他们还是会对当初的选择后悔，因为总的来说他们的生活更艰难了。

这是一种见解。现在你可能会问：如果这是卢卡斯的观点，为何他不用这种方式来表达呢？为何他不直接把上一段的最后几句话写下来，非要用一个模型想象出一些人，而且这些人只活两年还只吃香蕉？

答案：恰恰是因为没有其他方式能够判断这几句话是否符合逻辑。虽然这几句话表面看上去没有明显的自相矛盾，但是不符合逻辑的自相矛盾之处通常能够将其隐藏得很好。

况且我们也没有别的方式能够知晓这几句话是否有其他明显错误的推论，如果推论是错的话，那这几句话本身也就是错的。

符合逻辑且能够确定这些陈述是否严谨的唯一方式就是将其转换成数学语言，并且把它们简化到一定程度，这样你就能够推导出它们所有的结论。这个就是模型的用处。

有时候你的模型会给出一些额外的、你自己根本就无法想出来的推导结论。卢卡斯在他的模型中又引入了一个角色：一位计量经济学家，他可以用一些在卢卡斯的研究之前就有的统计学技巧进行研究。计量经济学家注意到每当政府发放的钱比通常发放的钱有所增加时，人们就会急忙种植更多的香蕉。他总结说，如果政府经常性地给人们发放大量的钱，香蕉的产量会一直保持在一个很高的水平。

在这里，计量经济学家的问题是他没有理解为什么货币供应能影响香蕉的产量。他没有意识到人们其实在香蕉的需求量上被愚弄了，或者人们只是在货币供应不按预期改变时才会被愚弄。当政府采纳了计量经济学家的建议并且按照一个既定的、可预料的进度投放货币时，没有人会被愚弄，所以这个政策就是百分之一百的无效政策。

通过研究这位倒霉的计量经济学家的错误，卢卡斯和其他学者得出了一些关于现实世界里计量经济学家哪里做错了的深刻见解，继而开始主导变革。

有时我会听到经济学家如此维护这些看起来不切实际的模型：经济学是一个初生的学科。虽然今天我们的模型是脱离现实的，十年之后，它们会逐渐变得贴合现实，再十年之后，它们会更加贴合现实。最终我们会得到非常契合现实的模型，并且能够依此作出精准的预测。

其实我认为这些话纯粹是胡说。我们的预测不是，而且永远不会是基于模型的，它们是基于非形式化的逻辑推理得出的。我们研究模型是因为它们能够磨炼我们推理的技巧，我们可以通过推断在这些模型里发生了什么，继而形成一个好的直觉判断力，进而产生能够实际应用的推理能力。

从这点来看，我们跟物理学家没有什么区别。如果问一个物理学家转弯时加速再踩刹车会发生什么，他会用充分和精确的描述来劝说你不要这么做。他会觉得没有必要画一个图、构造一个等式或者进行一次演算来得出这个结论。他能立刻知道答案，是因为他有准确的直觉，这直觉是用长年反复分析高度标准化的仿真案例的经验打磨出来的。物理学家用大量时间研究在绝对的真空里物体下落的轨迹、台球在绝对光滑的桌面上滑行的轨迹，以及不受宇宙里任何其他物质影响的带电粒子的活动。这些研究的意义不是因为它们在现实中确实存在，而在于我们能完全理解它们，这种完全的理解磨炼了物理学家的直觉，使他能够合理、准确地猜测出真实情境下的汽车在道路上的情况。

经济学家也同样渴求这样的能力。举个例子，在过去20年里，曾出现过大量的模型，它们都预测出消费税比所得税更有助于市场长期的繁荣。但如果只拿其中任何一个模型为例制定公共政策就很疯狂。但那么多模型从不同的起点开始假设，最后都达成同样的结论，这个事实就有很多蕴意。它迫使经济学家们开始思考为何不同的模型会达成同样的结论。在这个过程中，我们就发现了新的可以应用到现实世界的思维方式。

经济学家没法做到的是，告诉你从现在开始，18个月以后会是什么利率水平。物理学家更做不到，你可以把这个看作是现代物理学的一个失败，因为归根结底，利率是由债券交易员大脑里的物理活动决定的，这难道不是物理学的范畴吗？答案是物理学或者经济学模型从来都不是被用来对实验室外的现实世界的复杂现象作出精准预测的，我们设计它们是为了培养研究人员们的直觉判断力。

经济学是一门艺术，但它是一门严谨的艺术。我们不能只是因为一些观点听起来不错就随便下结论，模型就是用来让我们的观点更加诚实靠谱的工具。

三　理查德·道金斯的谬误——关于上帝是否存在

亲爱的智慧设计论者们：

复杂性是非智慧设计论最鲜明的标志，所以请重新考虑你们的观点。

——史蒂夫·兰兹伯格

我相信宇宙是由数学构造的，但可以替代这个观点的理论也不少。出于某些奇怪的原因，其中最持久的一种理论——比如被冠之以犹太教、基督教和伊斯兰教的各种理论——看起来更像是由那些没受过教育的牧羊人编造出来的。

在这一章里，我会质疑，即我们是否有理由相信那些关于万物源起的宗教理论是真的。我当然不是第一个探讨这个问题的作者，有关反宗教的长篇大论近来成为了大量畅销书榜单的主打书目。这里面最畅销的一本是由理查德·道金斯写的生动有趣的《上帝的错觉》。

理查德·道金斯当前是国际知名的作家，他第一次被公众所知是因为他的著作《自私的基因》，这本书使得包括我在内的上百万读者对现代进化生物学这门学科产生浓厚的兴趣。一个能够为了自己的同胞而牺牲的个体为何会在自然选择中存活下来？答案：因为自然选择不只是在生物体层面运作，它还在基因层面运作。生物基因只有在具有一些有效的生存和繁殖策略时，才能够继续繁衍下去——比如说基因本身设置了一些倾向，能让你愿意牺牲自己来拯救承载同样基因的同胞们。

如果你已经读了这本书，那说明你是多少接触过生物学理论的人，而且也知道针对这个观点已经有了很多不同的见解。然而在道金斯之前的30多年里，你大概不太会去主动了解到这个，是道金斯把这个领域大量的思想从束之高阁的学术期刊带到了大众的视野里。

但在他对宗教信仰的公开论述里——特别是在《上帝的错觉》这本书里——我相信道金斯犯了错误。不只他的论述是错误的，论述的过程也是本末倒置的。

让我们从智慧设计论开始。首先我来解释一下为何智慧设计论本身的论述是错误的，然后再来解释为何道金斯的反驳也是错的——而且错误的原因如出一辙！

如果用一段话概括智慧设计论，就是这样的：

> 宇宙（或者生命，取决于发言者针对的是物理学还是生物学）具有非比寻常、不可简化的复杂性。这样的复杂性需要一位设计者。正统的科学理论无法解释这个设计者的存在。因此正统科学是不完整的。

在此"不可简化"的复杂性是指相互作用的各个部分，任何一个部分如果离开其他部分都是无用的。如果晶状体没有视网膜就没有任何用处，视网膜没有晶状体也同理，那么它们中的任何一个最初是怎么开始进化的？[1]

聪明人通常很快就会对这个论述的荒谬性给出判断。其实要不是复杂性是非智慧设计的标志之一，这个论述并没有那么愚蠢。我想它真正的问题是，它想要证明的东西实在太多了。

归根结底如果智慧设计论是正确的话，那么所有不可简化的复杂事物就一定都是被设计出来的，比如算术。算术复杂到没有任何一个公理系统——甚至是一个公理系统的无穷集——能够全面描述它。[2] 而且可以非常肯定的是，算术具有不可简化的复杂性（如果去掉数字3，那算术体系就土崩瓦解了）。相比之下，人类的基因组就简单到可以很容易就把它完整地描述并记录在一张DVD上。更别提算术中的衍生模式——那些从自然数的存在中就能衍生出来的模式（0，1，2，3，4……）——比那些能繁殖细菌鞭毛或构造人类眼睛的模式更具有无限复杂的迷惑性。

算术必然比生命更加复杂，因为所有生命的复杂性都是从算术的复杂性中起源的——特别是那些在DNA和蛋白合成里展现出来的组合模式。

当然了，有些人认为生命不只是DNA和合成蛋白；有些人甚至声称生命需要的是一个不灭的灵魂。但不灭的灵魂已经超越了科学的界限，而智慧设计论最重要的核心观点就是：科学

1　视网膜/晶状体只是为了阐述问题而举的一个例子，智慧设计论的支持者们可能更愿意举由40多个不可缺少的蛋白质构成的细菌鞭毛这样的例子。

2　关于这点内容可以更多参考第八章和第九章。

观察得到的所有过程的复杂性,其程度已经大到不得不需要一位设计者。每一个可观察到的过程都可以被描述为一个算术模式,所以如果你的论点是,任何像生活这样复杂的东西都需要设计者,那么你必然也要下一个论断,算术同样需要一位设计者[1]。

这就让人非常为难了,因为几乎没有人能够相信算术是被设计出来的。如果上帝设计了数学,他必然要在这个过程中做一些选择,如果没有选择,那就不是在设计。但是选择只有在你可以有其他选项的时候才能被称为选择,这就意味着,举个例子,上帝必然要做出一些安排以至于使2加2等于5。至少在我的经验里,即便那些最虔诚的宗教信仰者都很难接受上帝在这种程度的全知全能。

事实上,各个派系的神学家们的主流观点都是上帝可以做任何逻辑上可能的事情,但不会违反逻辑规则。如果你接受算术的法则是由逻辑主宰的,那即便是上帝也没法改变它们。

如果算术不可能被改变,那它就不可能是被设计出来的。如果算术不是被设计出来的,那么至少就有一个不可简化的复杂结构是在没有被设计的情况下存在的。如果一个不可简化的复杂结构可以在没有设计者的情况下存在,那么智慧设计论就是错误的。

我认为以上就是对智慧设计论足够充分的反驳了。它唯一的出口就是认为数学在上帝设计它之前就已经被设计出来了,但我并不认为智慧设计论者们愿意接受这个说法。

原因:智慧设计论的领导者们过去一直非常一致且毫不动

---

[1] 如第一章所说,我要提出的是算术也有复杂性和算术并不是被设计出来的这个事实。但这一章所说的与第一章里所推断的任何内容都不相关。

摇地否认这个智能设计者一定就是上帝。因为这样他们才能使其论证从宗教中切分开来,从而被公共教育系统接受,但这个否认是难以站住脚的。因为一旦论述说不可简化的复杂性,必定需要设计者,你就不得不下一个判断:数学本身就跟物质宇宙一样,需要一位设计者。但是除了上帝,谁能设计出这样的算术法则呢?

我很愿意接受生命里可以有一位除了上帝以外的设计者这样的观念——比如说,可能我们都是被另一个星球上的生命体设计出来的,而他们也是被另一个星球上的生命体设计出来的,我们可以这么无限推测下去。虽然这个理论跟我们对物理世界所知的很多理论是矛盾的(举个例子,宇宙学家非常确定时间是无法向前无限延伸的),但至少它不自相矛盾。所以只要你愿意把很多科学理论置之不顾,就可以继续相信这种不涉及上帝的智慧设计论。

但是就数学来说,这个还是不可能的。只有上帝可以创造出数字并且设计出加法法则。如果智慧设计论是正确的,上帝就是必然存在的。不管智慧设计论运动的领导者们喜欢与否,智慧设计论都无法跟宗教隔离开来。

如果你试图把智慧设计论当成一个非宗教的世俗理论去兜售,那就是一个巨大的政治问题了。因为它把智慧设计运动放在了一个进退两难的境地:智能设计者要么设计出了算术,要么没有。如果它没有,那么不可简化的复杂性就不需要一位设计者,由此整个论述都没有意义了;但如果它确实设计出了算术,那么它无疑就是上帝,智慧设计论作为一个非宗教的世俗理论也就没有任何意义了。不管是哪个情况,智慧设计论运动都失败了。

理查德·道金斯提出了一个不同的观点来反驳智慧设计论：一位智能设计者一定要比其设计出来的宇宙复杂得多。而相矛盾的是，原动力如果存在的话，它肯定是简单的，而复杂性则是随着时间演化而来的（大概是通过自然选择）。

在此我认为道金斯一开始是对的，但最终偏离了正轨。有部分原因是他说："如果智慧设计论的复杂性观点需要一位设计者，那么上帝作为一个复杂的存在，同样也需要一位设计者。"这么说是对的，但是似乎他同时也表达了另一个意思，那就是复杂性必须要从简单性里演化出来，不管是通过什么过程。我不这么认为，因为数学是我们所知的最复杂的东西，但是它肯定不是从简单的前因中演化出来的。

道金斯和智慧设计论支持者们有一个最关键的点是一致的——我认为，它们一致都是错的，这一点就是：他们都认为复杂性不是一开始就有的。对于智慧设计论者们来说，复杂性只能是设计出来的；对道金斯来说，复杂性必须从简单性里演进出来。如果这两个规则中的任何一个是正确的，那算术也要适用这个规则。然而就连那些无比虔诚地信仰宗教的人们都无法相信算术是由上帝设计的，道金斯本人也不可能相信算术是通过自然选择演化出来的，那么结论就是道金斯和智慧设计论者都是错误的。

关于智慧设计论可以就讲到这儿了。那其他有关上帝存在的论述呢？其中最持久的一个理论就是"本体论"，是圣安塞姆在公元11世纪提出的。

安塞姆把上帝定义为"人类可以想象出来的最伟大的事物"。存在本身就是非常伟大的，如果上帝不存在，那么它就不可能是我们能想象出来的最伟大的事物。因此，按照定义来说，上帝是肯定存在的！毋庸置疑！

受安塞姆启发，我要来证明有这么一个数字，它比任何一个数字都大。我把这个数字称为G，然后把它定义为最大的一个数字！那么现在来看，如果G不存在的话，它就不可能是最大的数字，怎么可能？所以按定义来看，G肯定存在！毋庸置疑！

仔细想想看，所有数字里最大的数字！一旦你数到G就数不下去了。如果你有G枚硬币，然后有人又给了你一枚，那你一共有多少枚硬币？肯定不是G+1枚，因为这样就有比G更大的数字了，是不可能的！

换句话说，这个结论是错的。事实上没有最大的数字。（"无穷"意味着没法数完，无穷大的数字本身是不存在的。）所以不管G有多大，G+1肯定是更大的。那么这个无懈可击的论述呢？答案：这个论述从表面上看就是荒谬的。你没法单单通过定义一件事情就让它存在。如果真可以，那我就要像亚当·桑德勒的那部电影[1]一样，通过定义变出来一个遥控器，然后用这个遥控器把他从他所有的电影里面都删除。

无论安塞姆选择"定义"什么，都会有一些相对应的伟大的事物存在，然后会有更伟大的事情存在，如此无限延续下去——就像数字一样，有一个数字，就会比它更大的数字，然后有更大的数字，这样一直延续下去。安塞姆从假定有一个最伟大的事物存在开始他的论述，从一个没有论证过的假设开始论证，那么最终肯定会取得一个不正确的结论。

理查德·道金斯又找到另一个反驳宗教的论点，不过我认

---

[1] 指亚当·桑德勒主演的科幻喜剧电影《人生遥控器》（Click）。

为它跟这个论点本身一样站不住脚。道金斯说:"这是不是完美得令人难以置信,一个有关宇宙的伟大真理难道能通过一个简单的文字游戏取得?"他坦言:"如果没有从现实世界中引入任何一条数据就取得这样一个重大的结论,我们确实会自然而然地对其合理性产生深深的怀疑。"

然而关于宇宙的伟大真理确实可以通过简单的"文字游戏"来获得。举个例子,比如关于质数是无穷的这个真理。没有人见过所有的质数,甚至也没有人见过它们总数中比例最小的一部分。然而我们知道它们存在,而且我们不需要引用任何数据就知道它们存在。欧几里得也知道,并且他在两千多年前就记录了这一论证过程。

所以假设你碰巧遇到了一个执意持反对意见的人(我们称他为IHP),他相信2和3是唯独存在的两个质数。那你要怎么反驳他?

你:我认为你忽略掉了一些质数。比如7呢?

IHP:我不认为7是质数。

你:呃,那么你肯定记得在小学课程里学过每一个数都是可以被某个质数整除的。如果你的理论是正确的,7就是可以被2或3整除的。那么是哪一个呢?

IHP:哦,好吧。可能7也是质数。那我现在肯定只有2、3和7是质数。

你:那如果我给出一个数字,是不能被2、3或7整除的,你就不得不承认你又错了,是不是?

IHP:是的。但你怎么找到这么一个数呢?

你:噢,那就有很多办法了。但是我已经想出一个了:

如果我用2乘以3再乘以7，得出42，它可以被2、3和7整除。所以它下一个数字——43，就没有办法被它们中任一个整除了[1]，那关于你只有三个质数的理论就站不住了。

IHP（仔细思考过后）：好吧。我的新理论是这样的：所有的质数只包括2，3，5，7，11，13，17，19，23，29，31，37，41和43。

你：唉，如果我把这些数字都相乘，结果是13082761331670030。但接下来的数字，也就是13082761331670031，也无法被你上述的质数集合里的任何一个数整除。

IHP：哎呀。

即使再列出一个更长的有限质数列表也毫无意义，因为不管列出来什么，你都可以用同样的方法证明它是错的。这方法永远有效，所以一个包含有限质数的序列不可能是完整的质数集。完整的质数列表一定是无穷的。

那么有关宇宙的一个伟大真理就可以从类似于以上的"文字游戏"里得到。暂且不管道金斯是如何说的，安塞姆论述的不妥之处不在于它是一个文字游戏，而是它本身就是错误的。

关于上帝是否存在这个问题还有一些其他的论述，但它们都过于愚蠢而不值一提，且都已经被道金斯和其他人反驳过了，所以我在此就不再赘述。

但是我还是忍不住提一下"帕斯卡赌注"，这是一个有关上帝存在假设的充满智慧的观点。

论证：上帝可能存在（我假定这是真的，就跟我们假定

---

[1] 事实上，可以被2（或2，4，6，8……）整除的数字总是相隔两个数；而被3（或3，6，9，12……）整除的数字至少要相隔三个数，以此类推。

月球的背面可能住着紫色恐龙一样），那么每个人——不管信不信这个观点——都面临承担错误的风险。不管喜不喜欢，我们都是下了赌注的赌徒。而聪明的赌徒会相信上帝存在，因为——不管上帝可不可能存在——潜在回报（假定是可以永远活在天堂里）就已经很不错了。那么当回报足够诱人时，你就会不惜风险下注。

"帕斯卡赌注"中的上帝就如同尼日利亚邮件诈骗犯。尽管他的承诺看起来美好得不切实际，但由于实在过于诱人而让你没法置之不理。针对那些相信这个观点的人，经济学家亚历克斯·塔巴洛克提出了另一个赌局：假如有这么一个机会（尽管可能性非常小），上帝是存在的。而且这个可能性使你想把所有财产都赠给亚历克斯。而且事实上，你最终能否进入天堂也可能取决于你是否捐赠。既然赌注这么大，聪明的赌徒应该会把所有的财产都捐赠给亚历克斯。然后我就来收个10%的中间费吧。

第二部分
信念

四 白日梦信仰者

　　大部分信念的形成都是欠缺考虑的，因为坚持大部分错误的信念是毫无成本的。在回到我们的信念和知识是从何而来这个问题之前，下面几章会探讨这个观察的结果。

五 遗留问题

　　上一章里的遗留问题：色觉是怎么产生的、声波和水波，以及纯粹疯狂的贸易保护主义。

六 是否眼见才为实

　　我们对于自由意志、超感官知觉以及来世的那些欠缺考虑的信念。

七 第欧根尼的噩梦

　　合理的分歧是怎么产生的？如果你与某个同样智慧和博学的人争论，你是否应该相信他的观点，就像相信你自己的一样？事实上，我们仍会坚持分歧这件事本身就强有力地证明了我们并非真的关心真相是什么。

第二部分 信念

你大部分的信念都是没有经过深思熟虑的。你并不傻，因为时间和精力都是有限的，所以你必须专心于思考一些被精心挑选的领域才能取得成功。

幸运的是，你大部分的信念并不打紧。你可以相信有关宇宙起源的最怪异的理念，相信那些超感知的观点，或者贸易逆差可能带来的影响，但你仍然可以成为一个成功的会计师、出租车司机或者英国文学教授，你还可以成为一个忠诚的朋友和出色的家长。

接下来的几章都是一些关于信念的讨论，大部分人如果经过深思熟虑都会第一时间摒弃这些信念。不管这些信念的主题是有关宗教、生物学、经济学、道德或者世界如何运行，如果有任何重要事情要取决于这些信念的真假，我相信大部分人都会愿意即刻抛弃这些他们曾经内心最为珍视的信念。同时我还会聚焦于一些自己曾深思熟虑过的领域，因此我不仅可以解释为什么这么多被众人信奉的信念是错误的，还可以讲述哪些替代它们的信念是对的。

这些领域包括科学和经济学（第四章和第五章）、形而上学——比如自由意志、超感官知觉和来世（第六章），以及其他任何我们在信念上可能产生分歧的领域，从棒球比赛到犯罪治理（第七章）。

在这个过程中，我们会学习到一些有关色觉、水波纹、自由贸易、认知科学及如何辨别间谍的有趣知识。

四 白日梦信仰者

> 如果不记得我的理由,就很难记住我的观点。
>
> ——弗里德里希·尼采

如果一些信念对你而言并不那么重要,那么笃信它们对你而言也毫不费力,所以人们通常都会如此做。比如"上帝是神圣的""自由意志是幻觉""贸易保护主义可以让我们经济繁荣"等。我们笃信这些信念正是因为当下没有什么是跟这些信念紧密相关的。比如,你对贸易保护主义的误解可能让你做出一个不那么明智的政治投票,但那又怎样呢?你的票数无论如何都改变不了一场选举的结果,所以你把这些问题弄错了也非常情有可原。

最差的结果不过是,你这些错误的信念会让一些仔细思考过这些问题的少数人责难你而已——可能也会被那些从少数人里得到点提示的人责难。在一些社交圈里,公开声称对神创论的信仰会让你成为笑柄，但这可能是你应得的。可能神创论也有一些很好的论点，但是大部分神创论者就是对有关自然选择的众多证据纯粹视而不见而已，而这些证据已经征服了几乎所有只要认真思考过生物学的人。对贸易保护主义（或者用其现代称谓"反全球化"）的公开信仰基本也会得到同样的反应。可能贸易保护主义也有一些好的论点，但是大部分的贸易保护主义就是纯粹无视有关自由贸易的论证而已，而这些论证早已征服了绝大部分认真思考过经济学的人。我会在下一章里分享一些相关的论证[1]。

我大部分的时间是在大学校园里度过的，在那里，就算狂热的贸易保护主义者们嘲笑狂热的神创论者们荒谬都是合乎情理的，但是对于那些清楚自己在说什么的人来说，这两方都无视了一个事实，那就是这两套信念体系听起来都是一样的古怪。就算对一些高知人群来说，他们也没有足够的动力去重视这些信念。

上小学的时候，你可能学习过色环——所有颜色都排列在一个圆圈里，从红到绿，到蓝，到紫，到黑，再回到红色。等上初中的时候，你大概会学习到光谱，从红色（波长最长）到橙色、黄色、绿色、蓝色、靛青色再到紫色（波长最短）——都排成一列，就像人们用肉眼能看到的彩虹一样。当我读研究生的时候，我的朋友鲍勃·布鲁纳指出其中的矛盾：这两个到底哪一个是正确的？颜色本来应该会形成一个圆还是队列？我

---

[1] 你可以反驳说神创论和贸易保护主义分属不同的学科，因为神创论是一个科学理论——关于万物存在的理论，然而贸易保护主义是一系列政策方法，是一门有关实践的理论。但贸易保护主义，就像我用的术语一样，也做过很多关于贫穷和富有的原因的论断，而这些论断跟神创论有关智能生命起源的科学立足点是一样的。

记得当时略感不安，因为我不知道问题的答案，但是令我更加不安的是，我居然从来没有想过这个问题（如今我知道答案了，我会在下一章里分享出来。）

打破一个池塘的水面（比如说扔一块鹅卵石）就制造了水纹，水浪一个接一个打到了岸边。扰动气流（比如喊出来"就是你！"）就制造出来了声波（这次波动的是空气），一个声波传到了我耳朵，然后我就听到了你的声音。那下一个声波在哪里呢？为何我没有再次听到你的声音？为何不是反复地听到？为何整个世界听起来不像一出瓦格纳的歌剧反复回荡？而且最重要的是——我在初中的时候就知道了声音是一种波——为何我成年前都没有提过这个问题呢？

我曾尝试过但还是无法用平实的语言解释为何池塘里的鹅卵石能引发一波又一波水纹而声音在空气中却不能。如果你真的感兴趣的话——而且喜欢高等数学——你可以试着搜索一下"惠更斯原理"。这里蕴含的原理是：池塘的表面是二维的，而空气是三维的。在空间维度是偶数的时候，搅动能够制造出涟漪；而维度是奇数的时候，搅动只能够制造出单个的波——而不是涟漪。

如果我们活在一个六维空间里，里面的池塘有五维的表面，那么声波就可以产生涟漪而池塘不会。把一个鹅卵石扔到奇数维度世界的池塘只能制造出一个波；而在偶数维度世界的空气里的一声惊呼就会有回响，而且一声接一声……

为什么波跟世界是奇数维度还是偶数维度相关联？这个问题除非用数学，否则我可能没法解释。但这个解释跟个人观点没任何关系，这也是我们常能接受互相矛盾的信念的原因。我们在学校里都学到过"声音是波"，我们也都曾经往池塘里扔过鹅卵石而且看到过水波，然而不知为什么我们中的大多数却从没注意到这两种波明显不一致。

我们能够接受相互矛盾的理念共存的能力，尤其是关于物理世界的性质的理念，也从另一层面证明我们能够在不产生任何质疑的情况下就能接受理念——甚至都不需要停下来想一想我们是否真的相信这些理念。就像我前面说过的，这种行为没有什么不合理的，因为如果你想好好生存在这样的世界里，就必须要挑选出你真正需要花时间认真思量的问题。

下面几章有涉及一些我曾经认真思量过的问题，第七章有一个关于几乎我们所有的信念都欠缺考虑的总论。但是首先，还有一些遗留问题要解决。

五　遗留问题

> 黄色是被所有人共同分享的一种神秘体验。我们来讨论一下。
>
> ——汤姆·斯托帕德

我之前承诺过要讲一些色觉和贸易保护主义经济学。那么首先来探讨一下色觉。

色觉如何运行

上小学的时候,学校给我们发了一个色环——所有彩虹的颜色都排在一个圆圈里,举个例子,绿色在蓝色和黄色之间,用来提醒我"蓝色和黄色叠加在一起就是绿色"。初中的时候,我们开始研究彩虹,最后学习到每一种颜色都跟光的波长相关,从红色一直到橙色、黄色、绿色、蓝色、靛青色和紫色。

上文我提到过,我的朋友鲍勃·布鲁纳问了我一个问题:

如果颜色跟波长有关，从最长到最短，我们为什么要把它们放在一个圆圈里排开呢？难道不应该是色彩队列吗？作为一个研究生，我很习惯于被问到一些我不能回答的问题，但是令我震惊的是这么多年来，我从没有注意到这么一个明显的矛盾点。

鲍勃是知道答案的，而且他乐于和我分享。现在我也将它分享给你们。

首先，光线确实有不同的波长，事实上，很多光波有无限长。我们常说红色后面跟着的是橙色，但实际上，就像你沿着彩虹行走一样，红色是逐渐变成橙色的，过程中有无限种过渡色。如果想要把这些无限种过渡色都记下来需要极其复杂的数学技巧，这可能已经超过了你现在想了解的范围。所以我会先延用7个颜色的说法：我们的老朋友红色、橙色、黄色、绿色、蓝色、靛青色和紫色。如果你是英国人，你可能学过一个能把这几个单词串成一句的记忆口诀，美国人也有一个。

物体表面反射出不同波长的光线就产生了颜色。你能看到被反射出来的那朵花的颜色，比如说，有8个单位的红色光线，4个单位的橙色光线，3个单位的黄色光线，2个单位的绿色光线，7个单位的蓝色光线，6个单位的靛青色光线，5个单位的紫色光线；把它们简称为（8，4，3，2，7，6，5）。那么我们需要用这7个数字来描述一朵花反射出的光线。

现在，7个数字已经超过了大脑能记录下来的信息量了，所以眼睛会把这7个数字的信息简化为3个数字。首先它把8，4和3平均一下（得到5）；然后它把4，3，2和7平均一下（得到4）；随后它又把7，6和5平均一下（得到6）。（注意这7个数字里有一些不止用了一次。）这些平均数——（5，4，6）——最终被送到了大脑里。[1]

然后大脑把（5，4，6）转换成一种颜色——在这个例子里，我们假设是一种略艳丽的洋红色。只有这三个数字是重要的。因此不同的花朵，即使能够反射出非常不同的光线分布，却最终展现出一模一样的颜色。想象有一朵花能够反射光线的分布为（9，5，1，6，4，7，7），眼睛先平均了9、5和1；然后又平均了5、1、6和4；然后又平均了4、7和7，最后把最终的结果（5，4，6）发射到你的大脑，然后你说："噢看啊！这两朵花是完全一模一样的洋红色！"

就像如下的图片：

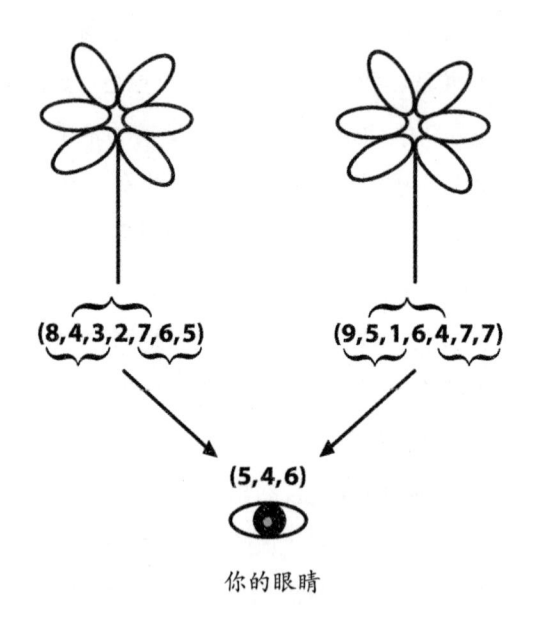

(8,4,3,2,7,6,5)　　(9,5,1,6,4,7,7)

(5,4,6)

你的眼睛

---

[1] 我过度简化了这个过程。实际上，眼睛接受了一系列无限的数字，不只是7个，而且它接收的是加权平均数，所以当它算6、4和3的平均数时，它可能数了两次6。但是这些简化过程不是很重要，归根结底，眼睛最终计算出三个平均数，然后把这三个平均数发射给大脑。

第一朵花反射的是8个单位的红色，4个单位的橙色，3个单位的黄色等；第二朵花反射的是9个单位的红色，5个单位的橙色，1个单位的黄色等。这两个例子里，眼睛把前三个数字平均下来得到5，把后三个数字平均下来得到4，然后把最后三个数字平均下来得到6。不管是哪种方式，同样的（5，4，6）组合都发射到了大脑里，所以大脑看这两朵花都是同样的颜色。

迄今为止的原理是眼睛和大脑同时工作才能识别出一种颜色——其他物种的眼睛和大脑可能会采用不同的规则。想象一些其他的生物——比如说一只田鼠——它的眼睛跟人的眼睛接收同样的7个数字，但是用不同的方式把它们归结起来算平均数。比如说当接收了（8，4，3，2，7，6，5）的时候，田鼠的眼睛把8和4平均下来（取得6），然后把4，3和2平均下来（取得3），然后2，7，6和5平均下来（取得5）。

如下图所示：

人的眼睛计算出来一个平均数，而田鼠的眼睛计算出另一个平均数。所以这两种花对人而言看起来一模一样，但是对田鼠而言就不是。

就像从图解中看到的，按照田鼠算平均数的方式，左边的花朵会得出（6，3，5）的结果，而右边的花朵是（7，4，6）。所以对于田鼠的眼睛来说，这两种花的颜色看起来是不同的，尽管对一个人的眼睛来说看起来是一样的。

（同样地，也有其他种类的花朵的颜色在人类看起来是不同的，但对田鼠来说却是一样的。）

那么，颜色实际上是一种生物现象——产生于有生命的个体的大脑。光线，相对来说，就是一种物理现象——无论是否有人能够观察到，它本身就是存在的。彩虹是一种物理现象，

田鼠的眼睛

(6,3,5)　　(7,4,6)

(8,4,3,2,7,6,5)　　(9,5,1,6,4,7,7)

(8,4,3,2,7,6,5)　　(9,5,1,6,4,7,7)

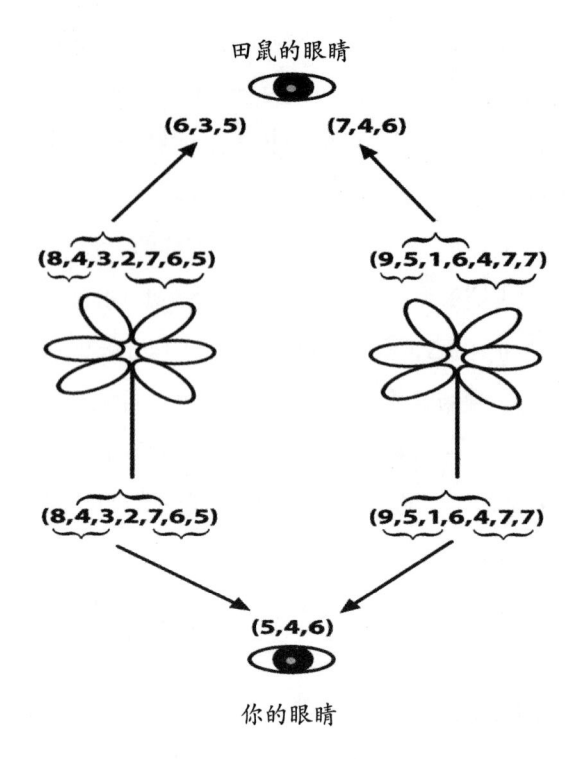

(5,4,6)

你的眼睛

而色环，就像我们所能看到的，是生物现象。

更具体地说，色环是与人类相关的生物现象；它展现的是人类大脑里能够产生的颜色。每一个颜色，就像我们所能看到的，都是三个数字的编码。三个数字特指在空间中的x，y，z坐标点。所以你可以想象空间中的每一个点都对应一种颜色。举个例子，坐标点为（5，4，6）的点对应的就是浅洋红色。

下面是一幅三维空间图，你可以想象空间里的每一个点都被指定了一个颜色：

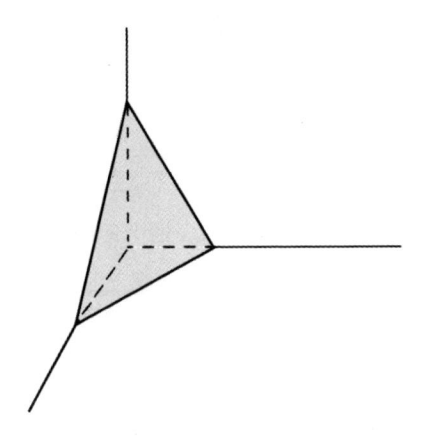

三个轴交汇的点是原点，是黑色的。当你从原点开始沿着任何一个轴移动时，点的颜色变得越来越深，但它们的色调不会变。

现在看我在三个轴上楔入的三角形阴影部分。每一条线都只能从原点向外穿过三角形表面一次——所以每个色调都只会在表面出现一次。

如果把这个三角形的表面平铺，而且它能够把大脑制造的每一个色调都装满。再把三个角抹平，看吧，我们就得到了一个色环。

总结一下：彩虹的颜色对应着每个特定波长的光线，是可以按从最长到最短的顺序排列的。但是几乎世界上的任何一个物体的颜色都是一系列波长的组合。眼睛看到这个组合然后用算术计算出三个数字，最终发送到大脑。这些三个数字的组合最终决定了一种颜色，所以大脑能够观察到的颜色最终可以装满一个三维空间。色环就是一个楔入到这个三维空间的平面。

偶尔地，有一些动物（比如说鹰）的眼睛能够计算出四到五个不同的平均数，不只是三个。这意味着鹰能够比人类看到更为丰富的色彩种类。一个鹰的"色环"可能是一个三维的球体。对于鹰的眼睛来说，球上的每一个点都代表一个不同的颜色。

当然了，"色环"对于一个没有X射线视觉的生物来说是毫无意义的，因为人类只能看到表面上的色彩，而错过那些球内的奇妙的颜色，所以可能这就跟老鹰上小学一样毫无意义。

疯狂的话题

如果要相信上帝在六千年前创造了世界，那得对科学一无所知才行。如果要相信贸易保护主义——就是用进出口配额和关税来控制外贸进口——可以让我们经济繁荣，那也同样要对经济学一无所知才行。

确实有一小部分科学家们设法用某种方式接受神创论，也有一小部分的经济学家设法接受贸易保护主义——但是在每个例子上我们能提到的只是一小部分（虽然有时候他们确实是公开表达的）。而且绝大部分情形下，科学知识是排除了神创论的存在的，经济学知识也排除了贸易保护主义。

但是这里有一个区别：我们否认神创论主要是基于一些已发现的化石记录和地质层等事实证据，而否认贸易保护主义主要是靠逻辑。那些用来反驳神创论的事实证据主要是由科学家们发现并公布的，其余人只能相信这些科学家说的是事实。相形之下但相反地，所有人都可以对用于反驳贸易保护主义的逻辑进行评估。

因此在我看来，贸易保护主义者可能还不如神创论者值得尊重。如果你相信大部分科学家都是谎言家——那么他们关于化石的言论都是错误的——那么你还可以是一个逻辑自洽的神创论者。但是你永远没办法成为一个逻辑自洽的贸易保护主义者。

跟干细胞研究相似，自由贸易是另一个可能对人类产生永恒影响的变革力量，但它很大程度上一直受制于一些愚蠢、无知而且迷信的人。至少就干细胞研究来说，美国政府能够对它造成的破坏还是有限的，本地被禁止的或不被鼓励的研究项目可以挪到欧洲或者亚洲去，美国人仍然可以享受到干细胞研究的好处。但如果涉及自由贸易，就没有这样的安全阀了。

在任何中级水平的微观经济学课本里都能找到完整自足的反驳贸易保护主义的理论，而且还带着所有必要的图表和公式。为了确保相关论述是严谨的，这些图表和公式都很重要，但核心的观点即便是用语言表达也非常简明。

举个例子，假定美国制造商们用100美元的价格出售数码相机，有一天一个新的供应商开始用75美元的价格卖同样的数码相机。那么现在每一个美国相机供应商都面临一个不愉快的选择：要么匹配新供应商的价格，要么失去客户。

假定在此时每个供应商都决定降到新供应商的价格，那么让我们算算他们的整体收益和损失。如果你买了一个相机，新供应商帮你省了25美金。如果我卖了一个相机，那新供应商让我损失了25美金。你省下的所得正好等于我的损失。那整体来看，我们既没有比以前更穷一点，也没有比以前更富一点。

如果这个故事到此就结束了，那从外贸中取得的收益和损失最终就抵消了，但是这个故事还在继续。我不乐意相机就卖75美金，所以我开始考虑其他的选择。可能我会开始生产手机，可能我会早点退休然后用下半辈子的时间玩魔兽世界，但不管我怎么决定，我的决定都不能让我的境地变得更坏，因为这都是我自愿的。如果从生产相机的生意里退出来让我的日子变得更艰难了，那我必定会留在这个生意里。[1]

在此要澄清的是：所有的供应商很明显是被新供应商的低价给损害了——但是那些退出了相机行业的人肯定（或者至少不会更多地）比那些留在行业里的人承受更少的损失。

现在我们重新计算一下这些收益和损失。消费者们仍然在每台相机上省了25美元。这些留在相机生意里的供应商们每台相机损失25美元，但是那些离开了这个行业的供应商们可能换到了某个损失少于25美元的生意上。每一位美国消费者节省了25美元，对应的一个美国生产商损失了25美元或更少，那么整体而言美国消费者所取得的收益要超过美国生产商所损失的。

单是这个就足以证明贸易能够让美国人整体上变得更加富裕。但好处还不止这些：有很多美国人不愿意花100美元买相机，但是会很开心地付75美元买相机。如果没有贸易，这些人根本都不会买相机，因为有了贸易，他们才肯买。他们从中获得的愉快享受对美国人来说是额外的收益，并且没有损害任何人的利益。

如果卖相机的人口数和买相机的人口数是固定的，那么引入便宜的相机对买家来说有利，对卖家不利。但是最终对卖家的损害会随着卖家人数的减少而减少，而对买家的好处就随着买家人数的增长而增长，因此最终收益肯定是超过损失的。

事实上几乎所有的经济学家都认为这个论述是一个强有力的证据，证明贸易能够让我们更富有（因此限制贸易的不管是

---

[1] 你可能会反对说我没办法留在相机生意里，因为新供应商已经把我的客户都抢走了，但这个反驳是愚蠢的。只要我能够把价格降到新供应商的价格——或者比他们低一分钱，我就能留住这个生意。

关税还是配额制，都让我们更贫穷）。根据一项调查，89%的专业经济学家（不管什么政治立场）都反对限制国际贸易。假定剩下的11%里有一小部分的人同意贸易促进经济繁荣，但仍认为这样的繁荣可能有时候会损害其他价值，那么对于这11%中剩下的人来说，可能有一些是被收买来说一些违心的话，那么还有一些就只是号称自己是"专业的经济学家"而已，肯定也有一些所谓的"专业的生物学家"否认进化论呢。

但我并不打算讨论一下谁更有威信的问题，如果你认为我把某个观点强加给你了，非常欢迎你来解析我的整个推理过程。所有的逻辑都是摆在台面上的，你不需要相信我是否诚实或任何其他人是否诚实。[1]你没法通过引用一些中伤的话比如"经济学家们除了是一些被收买的骗子之外，什么都不是"就置逻辑于不顾（如果你认为我在这里有一点防御过度了，你应该看看一些针对我的邮件）。用亚伯拉罕·林肯总统的话说：

> 如果你学习过几何，你可能会记得通过推理，欧几里得证明了一个三角形里所有角的和等于两个直角和。欧几里得已经展现给你这个结论是如何得出来的。现在，如果你想要推翻这个结论，而且证明它是错误的，你会通过把欧几里得称为一个骗子来证明它是错误的吗？

---

[1] 我此处给出的论述是接近于严谨但并不完全严谨的。原则上，你可以避开这个结论，你可以说贸易限制使得美国获得出口商垄断势力，这样美国人会更加富有。经济学家喜欢这样的头脑联系，但是很少有人认为这跟现实世界有关系。

六　是否眼见才为实

我相信应该直视眼中的现实，然后再否认它。

——盖瑞森·凯勒

你可能认为那些我们能够直接感受到的事物是最难否认的。笛卡尔曾提出过，即便你喜欢怀疑一切，甚至怀疑外部世界的存在，也不大可能会怀疑自己感知的存在。可能你能想象出来一个冰激凌圣代，但如果你能够品尝到它，那至少这种味觉是真实的。

如果要否认那些明显存在的东西，可能得用尽全力扭曲人的智力。但是不知为何，有一大群人——而且他们中的绝大部分人都受过高等教育——也在用尽全力否认我们所有人每天能感受到的事物。

除了那些可能患有精神分裂症的患者，没有人会对自由意志和超感官知觉是真实存在的现象有一丝丝的怀疑，尽管有很多人曾吵吵闹闹地对自己和他人表达过他们对此抱有怀疑。在某个特定的社会阶层里，否认进化论是一种时尚，而在其他社会阶层里，否认超感官知觉的存在也是一种时尚。差别在于，一个人可以足够无知到怀疑进化论，然而没有一个活着的人会怀疑超感官知觉的存在。

我们从自由意志开始说起。没有一个大学二年级学生会在没有提前选择要这么做的情况下，提交一篇论文否认自由意志的存在。对于人类的体验来说，选择行为是跟视觉和听觉感受一样的基础体验。如果不是一直做出选择，并且不断为选择思考，你可能就没办法成为一个有意识的人类。

这就是自由意志，而且你知道自己有自由意志。那么为什么有人要否认自由意志的存在？就此我也进行了内省并参考了自己的记忆，因为我记得自己在16岁的时候也曾经否认过，或者至少曾经为之困扰过。我当时的观点好像是这样的：基于神经元的物理现象本质上是有决定性作用的，比如你在周一了解到一个系统的状态，而且你有足够的计算能力，你就可以很确定地预料到下周五这个系统的状态。人类也是一种物理对象。因此，当你了解一个人和他周边的环境在周一的状态，而且有足够的计算能力，你可以很确定地预料到这个人在下周五的行为。[1]如果是这样的话，哪还有自由意志的空间？

以上问题看起来好像无法回答，然而事实上回答起来很容易：在周二、周三、周四和周五的时候，以上问题里的那个人都可以深思熟虑并最终做出他的行为决定，那么他就都有自由

1　量子力学可能会把一点点随机性带入到这个等式里，但是并不影响，既因为随机性不足以制造显著的差别，还因为不管什么情况下，没有人会把随机行为等同于自由意志。

意志的空间。这些深思熟虑本身都是物理现象（它们大部分是由化学反应和大脑中传递的电子信号构成的，还有部分可能是用铅笔在本子上列出"利"和"弊"分析得来的），并且也受制于物理世界的法则。那问题在哪儿？

我们可以重述一下哲学家罗伯特·诺齐克的论述来解释这个问题：举个例子，决定论是真的，而恒温器仍然能够控制温度。没有人否认恒温器可以控制温度，它们通过各种物理法则达到对温度的控制，而这些物理法则如果从亚原子层面分析，其复杂程度无法形容，但是幸运的是，也可以从一个更宏观，没那么精确的层面进行分析，以便我们理解。同样地，决定论是真的，但是我们也仍然能够控制自己的生命。我们通过物理学法则来控制自己的生命，尽管这些法则无比复杂，但是也仍可以从一个更大、更笼统的层面进行分析，比如用"意图"和"选择"这样的概念。

是什么引发了卡特里娜飓风？是因为水蒸气从海平面升起凝结成乌云，释放热量并且造成了局部低气压，再吸入空气，产生大风，进一步引起水汽蒸发并形成循环。愚蠢的人可能会不同意，说不可能只是这样，因为蒸发只是一个简称，简化了空气与数以万亿的水分子的复杂运动过程。这是当然，但这也并不意味着整个蒸发过程不是真实存在的。

是什么导致你在哲学期末考试前一天晚上做出喝醉酒然后通宵看《神秘科学剧场》的决定？是自由意志。愚蠢的人可能又会否认说这不是自由意志，因为自由意志只是一个简化术语，这一过程无比复杂，涉及上百亿神经元，神经元细胞还可以再被拆分为千万亿原子和百万兆亚原子的运动过程。但那又怎样呢？你仍然拥有自由意志，而且你很清楚这一点。

我有点记不清是如何走出青春期对无法拥有自由意志的愤怒情怀了，可能跟读了丹尼尔·丹尼特的书有点关系吧。但是我这里想表达的主要意思不是我们有自由意志，而是我们知道我们有。在内心深处，我们从来没有对此有一丝怀疑，但是我们仍然愚蠢地对外声称我们对它表示怀疑，而且甚至——如果我们非常钻牛角尖，从一开始就关注这事儿——说服自己去相信一些我们从来就不会相信的事情。

我很确定自由意志是你我每日体验的日常，而且我怀疑超感官知觉也是如此，因为我知道它是我的一部分。

比如我对圆的周长和直径的比率就有一种超感官知觉，它介于3.1415到3.1416之间。更棒的是，我的超感官知觉告诉我这个比率正好是这个无穷序列极限值的四倍：

$$1 - \frac{1}{3} + \frac{1}{5} - \frac{1}{7} + \frac{1}{9} - \frac{1}{11} + \cdots$$

我对这个事实的感知是即刻的，并且非常强烈和清楚，就像我能感知到办公室附近马路边绿色的交通标识一样。这些感知就是超感官的，因为它们是基于一些完全发生在人脑里的思维活动，而不是基于任何来自外部感知器官的感觉信息。

你可能也有一些超感官的知觉，比如你能感知到2+3=5，但是我不确定这个是否能被认为是超感官的，因为可能你是通过把两块石头和三块石头摆在一起，然后用眼睛看到结论是什么（即便是这样，从感知数据到得到概括性结论还是一步很大的跳跃），但是你关于无限质数的感知本质上是超感官范围的。

当然了，你可能是通过书本学习才得到这个感知的结论的——甚至有可能是通过看这本书得到的。但是你也可能是纯靠自己的思考才得来的，而且欧几里得或他的先驱们完全有可能一开始也是这么得来结论的。

不管你有没有花心思研究过算术，你可能都有一个强烈的感知，那就是算术是具有内在一致性的。比如就算不加以计算，你也很确定234324324加上9418438既不等于243742762也不等于342859152。还有不管你是否相信质数有无限个，你肯定相信质数的个数不能既是无限的，又是有限的。

除非你是数理逻辑方面的专家，不然你不太可能知道怎样证明算术具有一致性，即便你是数理逻辑的专家，那么你应该也意识到任何这样的证明都依赖于那些比结论更难以理解的算术定理本身——所以如果你愿意相信这个证明，你也可以略过这步直接就相信结论。[1] 换句话说，你对于算术一致性的感知并不取决于证明过程，而如果这个感知并不依赖于完成整个证明过程，它肯定没法依赖于你为了做出证明所见的或所听的知觉，换句话说，它就是纯超感官知觉。

每个人都知道这一点，更精确地说，每个思想足够成熟到可以否认超感官知觉存在的人其实也足够成熟到可以用超感官的方式领悟到算术的定理。换句话说，如果你的认知结构能够否认超感官知觉，那么你的认知结构也能体验到超感官知觉。

在这里，你可能忍不住要控诉我在玩文字游戏。你可能会说，当人们谈论超感官知觉时，并不是泛指超感官知觉，他们指的是某种特定的超感官知觉，不同于我们有关算术的例子。

---

1 就像我在第一章里提到的一样，能够证明算术一致性的最好的论证，就是算术是用来描述自然数的，而自然数从某种重要的层面上看，是真实存在的。关于这一点我会在第八章和第九章更多地说明。但是我们对于自然数的感知本身就是超感官知觉的。

我的朋友罗杰·施拉弗里是这样说的:"说你相信超感官知觉是因为你能够在不用感官的前提下感知到算术定理的存在,就像说你相信有UFO是因为你相信有不明飞行物一样。"。

我很欣赏他这样的智慧,但我认为这个比喻完全是被误导了。在我们的日常用语里,UFO意味着"被地球外的智慧生命设计和控制的飞行器"。这样的事务在逻辑上是可能存在的,但我们可以不认同它们的存在,而且如果有一个词语可以用来形容它们还是有用的。

相对而言,我们日常生活中对超感官知觉的这个术语的使用通常是指一系列广泛的现象,这些现象有两个共性:首先它们是一种感知,其次它们是一种超感官的感知。还有一些现象有一个额外的特征:它们从物理学角度看是不可能存在的。但是如果你想用它不可能存在的属性来定义超感官知觉,那也就没有讨论的意义了。因为人们确实在严肃地论证超感官知觉的存在,所以超感官知觉能被普遍接受的定义是不应该包含不可能存在这个属性的。而且如果不可能存在不是一个超感官知觉的标准的话,那么人类有关数学的洞察力就是超感官知觉作为日常应用的一个术语的最好例子——就像用千里眼或者心灵感应这样的词语一样。

自由意志也是如此。有些人用它物理意义上不可能存在的这个属性来定义自由意志本身——然后再来讨论它是否存在,这才是愚蠢的文字游戏!让我来引入一个常识概念:如果你想让自由意志、超感官知觉或其他任何事物通过被定义的方式变得不可能存在,那么它就是不存在的。但是根据普通人生活中用的一般的定义规范,这些事物不仅存在,它们还是不可否认地存在着的。所以人们总是否定它们的存在实际上是个很奇怪的现象。

同样的思考过程也可以用在"来世"这一说法上。从某个层面来看，这个问题太容易解决了：从字面上你就没办法相信死后还有生命，就像你没法相信有一个圆的正方形或者一个已婚的单身汉存在一样。死亡在定义上就意味着生命的结束。如果你死后还有生命，你就没有死。

所以当人们问："你是否相信死后会有来世？"他们要问的肯定跟字面上的意义不一样。那么，他们到底要问的是什么？

很明显他们的真正意思是："如果你在周日死了，你相信你的意识仍然会在下周一还存在吗？"这个答案很明显是肯定或是否定的，完全取决于你的意识是什么。

提一个有类似意义的问题：我有一床绣着独特几何图案的被子。如果我的被子被周日的一场火给烧了，那这个几何图案是否在下周一还存在？

这取决于你说的"独特几何图案"是什么意思。如果你意指某种特定的抽象的数学结构——比如按照某个复杂的规则，几个三角形叠加几个圆——那么这场大火是不能毁坏这个图案的。图案不只是存在于特定的时间点就像它们不只是存在于特定的地点一样。如果问一个抽象的图案周一是否存在，就跟问它是否只存在于内布拉斯加州一样毫无意义。它就是存在，没什么其他好说的。

但是如果你是指某种特定情形下的图案——比如根据某种图案的规则用染色的线编织出来的图案——那么毫无疑问，这场大火肯定烧掉了这个特定的图案。

同样地，你的"意识"可以指的是一个抽象的模式，包含各种突触链接和刺激——反应规则,或者指构造成你大脑的某种特定模式。那这种模式在你死亡后还存在吗?不存在,但只是因为它在你死之前也不存在,它的存在是超出了时间范畴的,所以你的死亡与之无关。那你的大脑是否还存在?肯定不在,至少你死后的一段时间它就会开始腐烂。

人们认为有关来世的问题应该不只是以上讨论的这些,但我根本想象不出他们真正想讨论的是什么。而且,我怀疑,他们自己也不知道。

七 第欧根尼的噩梦

> 我不会为了我的信念而死,因为我的信念有可能是错的。
> ——伯特兰·罗素

> 我思考,因此我就可能犯错。
> ——沙龙·菲尼克

有人把国家机密出卖给了一个恐怖组织,因为某种奇特的命运安排,你的责任是要找到罪魁祸首。你有两个最优秀的特工,每一个都很诚实可靠,他们一直在调查这起案件,然后来到你的办公室跟你汇报案情。

86号特工说:我没办法把证据给你,但是我很确定罪魁祸首是一个叫科里的男人。

99号特工说:我也没办法把证据给你,但是我很确定罪魁祸首是一个叫西普的男人。

基于你所听到的,谁最有可能是罪魁祸首?

第二部分 信念

你肯定有过这样的经历：你和你一个最智慧且博学的朋友碰面闲聊，过了一会儿你们就产生了一些分歧，这些分歧包括：谁最有可能赢得下一次世界杯或者下一次总统竞选？全球变暖是不是一个重要紧迫的大问题？你的表兄弗莱德是不是喜欢我姐姐威尔玛？北美驯鹿是不是跟普通驯鹿一样？你俩争论了一会儿，谁都没有说服谁，然后你们愉快地同意彼此保持意见不一致。

在讨论的过程中，你把你所有相关的证据都分享出来了，你们两个都足够聪明，可以评估这些证据能证明什么和不能证明什么。那最终为什么你们还是没能说服彼此？

当两台正常运转的电脑运行同样的程序并且输入同样的指令时，它们能输出一样的信息。同样地，你可能期望当两个同样思维成熟的人应用同样的逻辑规则来分析同样的证据时，他们应该达成同样的结论。虽然有时候这结论是模糊不定的（比如说"洋基队可能会赢得世界职业棒球大赛"），有时候——如果证据带有误导性——结论可能是错的，但至少这些结论都是彼此认同的。

这个故事的寓意告诉人们，你和你的朋友不是完全按照逻辑运行的机器。你们的意见最终会被逻辑和证据之外的东西所影响，你们中至少一个可能会依赖于直觉、心灵启示、超感官知觉，以及我们最习惯的固执。

我不是特别喜欢这个寓意。我通常认为，除了数学之外，我绝大部分的信念都是牢牢基于逻辑和证据的。别的情况下，我认为我跳舞跳得很帅。

尽管这个寓意已经让人感到不安了，一个更黑暗的寓意还有待被揭示。那就是我们之间的分歧不仅证明了我们不是按照逻辑运行的机器,还证明了我们可能本质上并不真正诚实,也就是说我们其实并不在乎自己产生这些分歧的立场是否正确。

讨论这个黑暗的寓意可能得花好几页篇幅,首要一步是得说一些令人惊讶的事实,有关如果我们确实是按照逻辑运行的机器的话,我们会如何行为的事实。

我刚刚指出了两台逻辑机器分析同样的证据就应该达成同样的结论。但是诺贝尔奖获得者、博弈理论学者罗伯特·约翰·奥曼发表了一个令人惊讶的理论,那就是两台逻辑机器分析完全不同的证据仍然可以达成同样的结论——只要他们能够知晓彼此的观点。

我来解释一下这个理论。

假设我有充分的理由来赌洋基队会赢得比赛;你有同样充分但是完全不同的理由来赌红袜队会赢。我不知道你的理由是什么,你也不知道我的。尽管如此,当我知道你押注给红袜队的时候,我可能会怀疑一下我对洋基队的信心。确实,我不知道你为什么赌红袜队会赢——但你肯定有你的理由。所以,武断地说,为什么我要更相信自己的理由而不相信你的?

原因如下:可能我有某个好的理由坚持赌洋基队赢(可能我遇见一个医生碰巧给红袜队的主力治疗过伤病)。这很好,所以我坚持赌洋基队赢。一旦我宣布我坚持押注给洋基队时,你可能就会推断我肯定有很好的理由来做这样的决定。你完全不知道这些理由是什么,但是你知道我认为它们非常有说服力——足够充分到能帮我克服掉当听到你更坚持红袜队时的震惊。现在你的信念有点动摇了,你会继续坚持你的选择吗?如果这样,那相当于告诉了我你也有很好的理由来坚持,这样就进一步动摇了我的信念。那我还要继续坚持洋基队吗?除非我的理由非常充分。所以我们的对话可能会像下面这样：

你：我赌红袜队赢。

我：我明白你的想法了，但是我要赌洋基队赢。

你：好吧我也听到你的想法了，但是我还是赌红袜队赢。

我：我还是赌洋基队。

你：那我还是赌红袜队。

我：洋基队。

你：红袜队。

我：洋基队。

你：红袜队。

我：那好吧，我也赌红袜队。

与表面上看到的不同，这个对话的每一步其实都在向彼此传递新的信息。当你开始说"我要赌红袜队赢"的时候，我完全不知道你有几成把握——但是你仍然动摇了我对洋基队的信心，至少有那么一点点。当我宣称坚持赌洋基队的时候我动摇了你的信心，尽管你动摇了，但你还是坚持赌红袜队。现在我知道了你的理由必然十分充分。但是我的理由也是，所以我坚持洋基队，因此进一步动摇了你的信心。当你再一次坚持红袜队的时候，等于向我展示了你的理由必然是非常充分。

"我还是坚持赌洋基队，尽管我知道你坚持赌红袜队"有某种含义，"我还是坚持赌洋基队，尽管我知道你也知道我知道你坚持赌红袜队"有某种更强烈的含义。那就是你越多次坚持选红袜队，我越会怀疑洋基队，在这样的怀疑下我越多次坚持选洋基队，你就会更多地怀疑红袜队。最终，理由更弱的那方会让步。[1]

最后一句话——"最终，理由更弱的那方会让步"——需要一个论证过程，而这论证需要比这本书所涉及的更复杂一点的数学知识，这就是奥曼教授的研究可以解决的地方了。如果你对这种数学知识感兴趣，用谷歌搜索"奥曼"和"不一致的达成"就可以找到相关信息。

更准确地说，奥曼教授证明了上述对话无法最终达成一个同意彼此分歧的结果。它最终只能有两个可能的结果：要么最终达成一致的结论，要么我们就在一个有点像喜剧的场景里无限持续（"洋基队赢！""红袜队赢！""洋基！""红袜！"）。但是奥曼的著作发表不久，经济学家约翰·吉纳考普劳斯和赫拉克勒斯·波勒马查基斯通过证明这个对话没办法无限持续下去，排除了后一种可能。所以这个讨论必然会达成第一种结果，也就是最终双方会达成一致。

现实世界里这样的对话也并不总会达成一致的结论。为什么呢？有人会猜测达成这样的一致可能会花大量时间，而且这根本不值得，因为没有人想这样来来回回争论上千万遍"洋基！""红袜！""洋基！"，最终才知道谁是对的。可能等这个对话结束的时候，比赛都结束了。但是计算机科学家斯科特·阿伦森最终排除了这个无限循环的可能，他证明了当双方都足够诚实的情况下，可以在合理的时间内达成一致。

那么为什么我们总是不能达成一致？可能因为我们并非总

---

[1] 更准确地说，每个人都会让步。最开始的时候，我认为红袜队有20%的胜率相对于你认为红袜队有90%的胜率。最终结束的时候，我们达成一致，认为红袜队有70%的胜率。

是诚实吧。回头我们再来探讨这个想法，我得先指出我们现在已经有足够的工具来解决这章开头的谜题了。如果特工们用密封的信封向你提交了报告，而且就你所知他俩是一样的诚实可靠。但是事实不是这样的。86号特工先进来，宣称他相信科里是罪魁祸首，这意味着他有充分的证据；这证据的可信度至少是70%。然后99号特工走进来告诉你她相信西普是罪魁祸首，尽管她也听到86号特工的意见了，她如此坚信自己的判断，那么她的证据可信度至少是80%。我们无法确认谁的证据更有力，但是如果你想试试运气的话，你应该选择99号特工。

现在如果86号特工回来说"我仍然认为是科里——就算知道99号特工的证据至少是80%的准确率"——你可以推断86号特工的证据现在至少是85%的准确率。如果99号特工又回来说"我还是相信是西普"，你可能又倾向于相信99号特工了。但是你其实根本没有必要很认真地思考，就让这两个特工互相琢磨吧，他们最终会达成一致。

这个理论就是这样。当然了，在现实世界里两个特工可能都会为自己百般辩解，还对你的怀疑表示不齿，甚至讨伐彼此的争强好胜。但最终的结论就是至少有一个特工——更有可能两个都是——只是为了争强好胜，并没有保持诚实。

同样地，我们所有人都活在现实世界里。所以真实发生的情况可能是你今天与某个人意见不一致了，然后没有解决分歧就走开了[1]，那我不得不下结论说至少你们中的一个不是诚实的

---

[1] 类似于"我认为浴室应该被漆成蓝色，不是粉色"这种观点，不应该被认为是意见不一致，我们其实同意对我来说，蓝色更好看，对你来说，粉色更好看。针对这个章节的讨论，真正的分歧应该是针对事实，而不是品味。不过，我还是很肯定我们每天都有可能跟别人就事实产生分歧。

真理追求者。这种真实情况可能经常发生，所以要么你是你社交圈里唯一诚实的人，要么你就像其余所有人一样虚伪。

如果在此我给出的观点是正确的，那么诚实的真理追求者一定少到几乎不存在。这个令人感到不安的结论激励了众多经济学家们夜以继日地去寻找奥曼理论的逻辑漏洞。

第一个可能的逻辑漏洞是：我们对于真理的追求不只是由逻辑和证据指引的，同样依赖于（有时候是错误地，有时候不是）直觉、心灵启示还有超感官知觉。如果我相信上帝用7天创造了世界这个信念是基于事实证据的，那我可以指出证据然后说："看！"但是如果我的信念是基于心灵的启示，我就无所可指了。我有心灵启示，你也可以有一个相反的心灵启示，我们都很诚实地相信我们的心灵启示是准确的，没有回旋的余地。

这个尝试不错，但还不够。就算我们依赖于心灵启示，我们也不得不问：为什么我更相信自己的心灵启示而不是你的呢？当然了，我的心灵启示看起来非常真实，但是你的心灵启示对你而言也是如此。那么为什么我会被我的所说服而不是你的？

之前所有有关证据的争论同样适用于心灵启示。每次我重申自己的心灵启示，我便展露出更高程度的确定性；而每次你看到我更高程度的确定性后，又重申了你的心灵启示，你就又展示了一个更高程度的确定性，这个过程不断地升级直到有人妥协——就像我们之前对证据的讨论一样。[1]这种情况同样适用于心灵启示和证据两者混合起来的例子，比如说我依赖于心灵启示而你依赖于证据，或者我们两个都依赖于两者的混合。

那么其他的漏洞可能是什么？我们的讨论是不是不完全，因为即便我们都是诚实的，我们还是可能有逻辑错误，或者即便我们尝试过了，我们也并不能完全理解摆在我们面前的证据？经济学家罗宾·汉森强调了这个看起来很明显的漏洞，实际上它完全不是漏洞，因为如果存在诚实的真理犯逻辑错误或者被证据误导的可能性，追求者们会自我纠正。

汉森的猜测是分歧会持续，因为我们往往高估自己的智商，因此也会过于重视自己的意见。这种情况在学术圈里看到的太多了。每一年，我所在的学院都会花费大量的精力——可能占据了连续几个月的工作时间的一大半——来评估教学职位申请者的资格。同时，麻省理工和斯坦福的院系也会评估同样一批申请者们。但是我们坚持给那些我们认为优秀的申请者发工作邀请函，而不是那些斯坦福的同事认为优秀的申请者。如果我们直接宣布一项措施，说我们愿意雇用任何一个斯坦福发了工作邀请函的人，其实可以节省大量的时间和精力。

当然了，不合理地坚持自己的意见就是另一种形式的不诚实。如果99号特工相信86号特工是个傻瓜，86号特工至少应该考虑一下99号特工是正确的可能性。最终，他们应该会在谁更聪明这一点上达成一致。

---

[1] 对于贝叶斯学习理论学者们来说，这个观察结果的正式表述是："为什么我优先相信我的而不是你的？"（如果你不是一个贝叶斯学习理论学者，那就跳过这个脚注）。如果想要了解更多有关于这个问题的讨论，可以参考附录里的引用书籍，尤其是罗宾·汉森的著作。

但是有可能在我们生物进化的构造里，我们是不允许承认——即便对自己承认——我们有可能是愚蠢的。承认自己的愚蠢可能不是找到伴侣的好策略。

另一方面，很多争论确实会达成一致性的结果。举个例子，刑事案件陪审团通常有办法达成全体一致的投票结果。而学术讨论会（至少在我熟悉的院系里）通常会产生激烈的分歧，但多数情况下我们还是会在每个人都弄明白谁对谁错之后达成一致。

即便如此，我们不是通过重申我们的立场直到有人妥协后达成的一致，而是通过解释我们的推理逻辑直到互相理解才达成的一致。我们这么做的主要原因是我们对推理过程更感兴趣，而不是结果。确实，我们有时候非常渴望理解彼此的推理过程以至于我们表现得像刻意唱反调。如果一个聪慧的数学家花了很多年思考一个问题，然后跟我保证说这个问题没有解，那我相信他。但是如果我想理解他的推理过程，我很可能用一种表达怀疑的方式让他提供一个解释，比如我会说："你这个论证里的这一步完全解释不通。"尽管我肯定一旦他给出解释，这一步完全可以说得通。

有时候我甚至会说"我不相信你"，但实际上我真正的意思是"我认为你可能是对的，但我不理解为什么"。所以一个看上去很像分歧的分歧实际上完全不是分歧。

搞学术的人，经常是"不诚实的真理需求者"——我们常常站在对立的立场上，并且随时准备让步。但是律师们，恰恰相反，有一种不同的文化。在听完检察官冷漠地发表完证词之后，你绝不会听到一个辩护律师说："老天爷啊，你是对的！我怎么之前没想到！"理由当然是，就像律师们自己首先承认的，他们根本就不是真理寻求者。如果你能在法庭上改变另一个人的观点，那这一天就没有白白度过。如果你能在学术研讨会议上被别人改变观点，那你这一天也没有白白度过。

我更喜欢后者，所以我选择专注于学术研究。但我也能想象在某种情况下因为某个问题，律师的方法——两个不诚实的立场相反的人为了说服诚实的陪审团而提供各种论证——可能是一种非常有效的发现真相的方法。

律师们的不诚实是由他们的职业所决定的，他们无法达成一致的部分原因是他们不能保持诚实。但是这样我们就又要面对一个烦人的谜题了：为什么在其他生活领域也很少看到一致的意见？为什么职业赌徒们要赌对方是错误的，而不是把对方的意见当成自己的意见来严肃对待？既然花了这么多钱下了这么重的赌注，你以为他们可能会在乎事实真相。

这个问题的答案，我猜，是因为赌徒不只是为了钱才赌博，他们还在乎最终证明自己是对的而别人是错误的这种荣耀感。除非时不时地跟别人作对，否则没法取得这种荣耀感。对于股票投资者而言也是一样的，基本上所有的经济学家都会认为如果你想通过尝试"击败市场"来赚钱是疯狂的，吹捧一个人确实能"获得高于市场平均数的收益"，就跟吹捧一个人能连续扔20次硬币都扔出了正面是一样的。尽管如此，那些获得高于市场平均收益的人还是被大家崇拜。如果你也想因为股市投资的技巧而被人景仰，你就得表现得跟众人的看法不一致——然后等着好运降临。

或许赌徒和股票投资人就只是迷信或不理性而已，那么物理学家们呢?[1]如果你问两个基础物理学家弦理论[2]是否可能产生有效的研究成果,你可能会得到三个不同的答案,他们都基于同样的证据,那为什么他们的答案不同?

你可能会说还没有足够明确的证据,但这不是重点。确实,还没有足够的证据能够全盘证实或者全盘否定弦理论——但肯定有一些足够的证据来支持某种层面的看法。那为什么同样的证据既能够支持某些研究者的乐观主义又能够支持另一些研究者的悲观主义呢?可能就像赌徒、股票投资者甚至某些经济学家一样,物理学家有时候更关注击败对手的荣耀感,而不是发现真理的荣耀感。

---

1 当然了,物理学家们从来都不迷信。现代量子力学的奠基者之一尼尔斯·玻尔,同时也是20世纪最伟大的物理学家之一,也在家门口放了一块马蹄铁以求好运。他的解释是他并不真的相信马蹄铁的魔力,但是他听说就算不相信,也会生效。

2 弦理论是现代物理学的一个分支理论,粗略地概括一下,它提出有一些微小的弦存在,并且这些弦的振动会产生一些物质,就像吉他弦振动会产生音乐一样。

第三部分
知识

八　要懂数学
数学知识是从哪里来的，还有为什么只有证据和逻辑是不足够的。

九　遗留问题——大力神和九头蛇的传说
上一章里的遗留问题：大力神和九头蛇的传说，还有对大数规则的探索。

十　不完备的人类思维
哥德尔的不完备定理，以及为何它无法说明人类知识的局限性。

十一　逻辑的规则和大肚猪的故事
逻辑思维的力量，另外涉及一些最违背直觉的数学定理。

十二　证据的规则
我们可以和不可以从证据中得知什么，另外探讨有关学前班是否有经济价值，以及互联网色情是否能够防止强奸案的问题。

十三　知识的局限
物理学告诉我们什么，不能告诉我们什么，我们可知什么，不可知什么，另外理解海森堡的不确定性原理。

十四　遗留问题：量子纠缠
量子世界的奇妙，还有为什么博弈论者如此关注量子理论。

只有一些信念是跟我们的生活息息相关的。如果是关于自由意志和自由贸易的理论，你可以愿意相信什么就相信什么，但是千万别相信拼命踩油门会让你的车停下来，因为正确认识与生活息息相关的事情是很重要的——所以我们也应该这么做。

我家的地下室有一个热水器，楼上的浴室有一个淋浴间，热水是怎么跑到淋浴间的？根据最近一个非正式的调研（在我每天吃午饭的休息室里），六个取得博士学位的经济学家认为"肯定是有个水泵"，但是水管工可不是这么认为的。这个世界充满了认为贸易保护主义可以让我们更富裕的水管工。正因为我们的时间和精力都是有限的，所以我们可能只弄清楚了少数事情，弄错了大部分事情。[1]

如果对一些事情的正确认识对我们而言很重要，那我们就应该用实际知识来取代仅仅是信念的那部分。在接下来的几章里，我会讨论知识都是从何而来的，包括：数学见解（从第八章到第十章）、逻辑推理（第十一章）和证据分析（第十二章），第十三章和第十四章是关于量子物理学是否说明人类知识的局限性的。

在这个过程当中，我会讲到哥德尔的不完全性定理、大数法则定理、数学理论里最反直觉的定理、为什么世界有过多的污染、上学前班的重要性、网络色情效应、海森堡不确定性定理，以及为什么博弈论者会关注奇妙的量子世界。

---

[1] 我同事马克·比尔斯观察到，其实有关热水泵的调研指出了一个棘手的经济学问题，那就是：如果你能很轻易敲敲别人的门，告诉他们热水泵出了问题就赚到水管工的钱，那这世界上的失业率怎么能是正数？你可以大摇大摆地走到地下室，抽上一根雪茄，然后上楼宣布热水泵看起来两年都不会坏，然后就收他们30美金。

八 要懂数学

上帝存在是因为数学有一致性,魔鬼存在是因为我们没办法证明数学有一致性。

——安德烈·威尔

如果一个"宗教"被定义为一系列包含了无法证明的观点陈述,那么哥德尔教会了我们数学不仅是一个宗教,它还是唯一一个能够自证为宗教的宗教。

——约翰·巴罗

当我把一列数字加起来两次并得到两个不同的结论,我会相信我肯定是算错了。这是因为我相信数学是有一致性的,它从来不自相矛盾。

为什么我相信这个?以下有一个所有人都知道的、最有说服力的观点:运算法则是一致的,因为它们在逻辑上是真实存在的,而逻辑上真实存在的论断是不会相互矛盾的。

为了接受这个观点，你必须相信运算法则是真的[1]，而且为了接受这点，你必须相信运算法则是有关具体事物的。比如说"所有的什么都是什么"这样的陈述既不是真的也不是假的，因为"什么"不是有关任何具体事物的。那么如果关于"一列数字只能有一个总和的结果"的陈述是真的，那唯一原因就是数字是真实存在的。

　　其实也有其他的方法来证明运算法则是一致的，但是这些其他的方法都基于某些不是那么不证自明的原则（因此值得怀疑），而不是一种简单的观察结果，比如说自然数是存在的，并且运算法则也是真实存在的。就像99.8%的数学家们和99.8%的用过计算器的人一样，如果你也相信算术的一致性，这肯定是因为在内心深处，你相信自然数在某种重要的意义上是真实存在的。

　　不可否认的是，"真实存在"这个词是有一点含糊不清的。如果想理解得更深刻一点，我们可以给它一个精确的定义："自然数是真实存在的"意味着运算法则是有一致性的。

　　就像你一样，我也相信自然数是真实存在的，我就这个信念也拿不出什么具体证据。确实，我这辈子都在和数字打交道，也从来没有碰到过数学里有任何不一致的情况。但是这个证据实在是微不足道，可忽略不计，因为所有我曾经用过的数字都是极其非典型的。比如说我曾经加过四位数、五位数和六位数，但是我从来没有加过百万位数，然而百万位以上的数字数不胜数，因此我几乎没有任何直接的证据可以证明绝大部分数字是什么样。

1　稍后在这一章里，我会列出"运算法则"。

一个固执的怀疑论者可能下结论说因为我们没有用过大数，我们就无法判断它们也适用于一致性原则，甚至它们是不是存在我们都不知道。这个固执的怀疑论者就是亚历山大·叶塞林-沃尔平，他是一位古怪的数学家，同时还是一位前苏联政权反对者，他花了大半辈子在精神病院里写一些反苏联政权的诗。根据他的理论，我们应该只相信那些"小到可以让人思考"的数字是存在的，这个原则叫"极端有限主义"，但几乎没有数学家把它当回事儿。

如果要反驳极端有限主义，主流数学家可能会问："我们究竟如何判断哪些数字是'小到可以让人思考'的数字？或许个位数和双位数是小到让人思考的，但30位数就不可以了。那具体范围划定在哪儿呢？

有位主流数学家叫哈维·弗莱德曼，他因为对数理逻辑学的特殊贡献和不到19岁就任职斯坦福大学的教授而出名。弗莱德曼曾经试着与叶塞林-沃尔平辩论，以下是他对这场辩论的描述：

我从数字2开始问他这个数是不是真的。他几乎立刻说是。然后我问了4，他又说是，但肉眼可见的犹豫了。然后8，也回答说是，但是更加犹豫。这样持续了一会儿，直到他应对这场辩论的方式已经很明显了。可以肯定的是，他打算一直说是，但是他会花比用来回答数字2多 2^{100} 倍的时间来回答 2^{100}（2^{100}是一个30位数）。那这样下去我没办法持续多久。

最终，弗莱德曼和叶塞林-沃尔平同意保持分歧。几乎每一位数学家都认同弗莱德曼对大数真实性的理念，除了叶塞林-沃尔平之外没有其他的极端有限主义信奉者。而且我们相信不只是在算术里，在代数、几何以及其他的数学领域也都是这样。

但是我们没有任何逻辑方法或者真正的证据来支撑这个观点。[1]

那么，我们的观点必然依托于其他原因，就叫它们信念、直觉、本能、心灵启示或者超感官知觉吧（我不太确定同样一个事物能有多少种叫法）。就事论事的话，这些都有可能依托于一个幻觉——或者真理——并且早就通过某种方式植入了人类的大脑里。也许在某种意义上，我对算术的了解就跟教皇对上帝的了解是一样的，唯一的区别就是，我对算术感到更自信，我相信我是对的，而教皇是错的。[2]

有一个理由可以用于怀疑那些声称对上帝有直接的认知了解的人们，那就是他们自己不能就细节达成一致。同样的原则可以应用于一个更狭义的角度，那就是对于那些跟我一样声称对数学有直接的认知了解的人。哪些是通过直觉知晓的数学真理在不同的人、不同的时间和场景下有不同的解读。比如说在1888年，伟大的德国数学家大卫·希尔伯特证明了"希尔伯特定理"，给现代代数学奠定了基础。他应用了一种史无前例的方法，把无限集合的无限集认定为具体存在的对象，同时代的数学家保罗·戈尔丹轻蔑地评论："这不是数学，这是神学。"然而这个方法在接下来的几年里给数学理论带来了丰硕的研究成果，以至于连戈尔丹都不得不承认："神学也有它的用处。"

希尔伯特的方法在1888年还是颇具争议的，但是10年后就变成了主流理论，现如今几乎没有数学家（当然了除了叶塞

---

[1] 再次深思这件事，我们能在不用逻辑或证据的情况下知晓事物，这似乎也不令人那么惊奇，就像一只蜘蛛即便不通过第一定理来做逻辑推演或认真观察其他蜘蛛也是知道如何织网一样。你可能会辩论说蜘蛛的本能是无意识的，因此不能把织网当作知识，但是如果蜘蛛天生就知道如何织网，那我认为从本质上来看人类也可以天生就知晓数学。

[2] 我会在第十二章里提到这个点。

林-沃尔平）会质疑它。在叶塞林-沃尔平能接受的范围、戈尔丹能和希尔伯特过去能接受的范围以及现如今我们大部分人能接受的范围之间存在着巨大的差距。我自己对现代代数学的信念——以及对证明希尔伯特定理的方法的信念——是极其强大的，尽管可能不会像对基本算术学一致性定理的信念那么强大。

但从核心来看，数学直觉从古至今并没有什么本质的变化。过去那些关于计数和算术的基本事实，毕达哥拉斯声称"就是知道"的情况，其实跟你和我声称"就是知道"的情况没有什么差别。欧几里得有关数学证明的观点跟我们的也是一致的，尽管欧几里得的很多数学证明现在被看作是不充分的，但如果当时有人指出来，他应该也是会承认的。欧几里得在某些问题上没有达到现代数学水平的标准，不是因为他的标准与我们不同，只是因为他出了差错，就跟我们所有人都会算错一样。

用另一句话说，我们所掌握的那些不证自明的数学真理在过去几千年里并没有什么大的改变。当研究算术的时候，我们把这些真理单拉出来，并给其命名为"公理"。这些算术的公理有无限多个，尽管如此，如果你真感兴趣，我还是可以把——为你描述（如果你不感兴趣，请务必跳过这两页）。

以下是前四个公理：

- 0是一个数字。
- 每一个数字后都紧跟一个数字。
- 没有任何两个数字后紧跟的数字相同。
- 0不是任何数字后紧跟的数字。

这是四个公理，接下来还有很多个，下面是其中的几个：

· 如果偶数存在，那么一定存在一个最小的偶数。
· 如果质数存在，那么一定存在一个最小的质数。
· 如果存在数字可以用不同的方式写为两个立方数之和，那么一定存在一个可以用不同的方式写为两个立方数之和的最小的数字。
· 如果存在任意数字不与自身相等，那么一定存在一个最小的不等于自身的数字。

可以依次类推。就任何你能想出来的属性（比如说"偶数"或者"质数"，或者"能够用两个立方数之和写出来的"，或者"不等于自身的"），都会对应一个相关的公理。顺便说一下，最小的偶数是0，最小的质数是2，最小的能用不同的方式写成两个立方数之和的数字是1729（等于1的立方数加上12的立方数，还等于9的立方数加上10的立方数），没有一个数字不等于它自身。

以上这个无限组合就是算术公理的完整列表。当我提到算术公理列表时，我指的是我们通用的那些。当然了你也可以制订你自己常用的列表。这个列表首先是在一个世纪前由意大利逻辑学家朱赛佩·皮亚诺写出来的，因此它们通常也被称为皮亚诺公理。

从皮亚诺公理出发，然后再用逻辑的规则，我们就可以证明一些定理。举个例子，我们可以证明两个偶数的和还是偶数，每一个数字都可以被分解为几个质数，以及没有最大的质数。我们知道这些定理是真的是因为它们是从公理里推演出来的，而公理本身是真的。但是这不是定理为真的根本原因，因为两个偶数的和总是偶数，不管是不是从皮亚诺的公理里推演出来的。

关于数学事实的问题都是真的。而其是否可被证明，则取决于我们对公理的选择。

事实上，作为著名的不完全性定理中的重要一部分，哥德尔给出一个陈述句的例子，展示这个为真，但却没法证明。哥德尔的陈述句如果放在这儿就有点太复杂了，但我可以在下一章里给出一个一样好的例子。

如果哥德尔的陈述句确实无法被证明，那他怎么知道是真的呢？答案是：他知道是真的，因为他还是可以证明它。所以他作弊了，他用了一个皮亚诺公理列表之外的公理。

那个列表之外的公理，我们称之为超级公理，它就是：皮亚诺公理都是一致的。也就是说，你无法用皮亚诺公理列表来证明一些自相矛盾的事，例如"不是所有的偶数都是偶数"。

把那些不一致的公理列出来很简单：比如说你可以写"0不等于0"作为第一个，然后"0等于1"作为第二个。这些公理是自相矛盾的，它们自相矛盾的原因是其中一个是假的公理。

然而，皮亚诺公理不可能自相矛盾，因为它们都是真的。因此超级公理也是真的，那么从之推演出来的内容也都是真的。从另一方面来说，哥德尔发现的是一个从皮亚诺公理加上超级公理推演出来的陈述句，而不是只从皮亚诺公理推演出来的陈述句（所以根据通常标准，它是没法被证明的）。

你感到被欺骗了吗？哥德尔著名的"无法证明"的陈述句实际上是可以证明的——只要你允许自己使用那个毋庸置疑的超级公理。

所以，我们把超级公理加入到我们公理的列表里吧。现在哥德尔的陈述句既是真的又是可以证明的了——就像"1加上1等于2"一样，既是真的又是可以证明的。这也就没什么稀奇的了，那哥德尔最伟大的成就是什么？

"好，你这样做吧，"哥德尔回答说，"把超级公理加到皮亚诺公理列表上。现在你确实可以证明我的陈述句了。但是我会给出一个新陈述句——即便是你新的公理列表也没法证明，而且我的新陈述句也是真的。"

那么哥德尔又是怎么知道他的新陈述句是真的？因为他还是能证明它！这次他作弊的方式是用了另一个新的公理——我们称之为超超级公理，那就是：扩充了的公理列表，也就是皮亚诺公理列表加超级公理——仍然是一致的。

超超级公理也是真的，因为包括超级公理在内的所有公理都是真的。哥德尔的新陈述句也是真的，因为他能通过超超级公理来证明它。你无法证明的原因是超超级公理不在你的公理列表上。

回顾一下：我们从皮亚诺公理出发，哥德尔给出了一个我们没法证明的陈述句。但是他通过超级公理证明出来了。这时候我们说："好吧，我们把超级公理加到我们的公理列表上，现在我们就能证明你的陈述句了。"哥德尔说："好吧，那我再给出一个你没法证明的陈述句——就算你用你新列出来的公理列表"，然后他通过超超级公理又证明了他的新陈述句。

下一步你肯定是把超超级公理再加到公理列表里，哥德尔的下一步当然又是找一个新的你无法证明的陈述句。他知道他的陈述句是正确的，因为他能用超超超级公理来证明它。然后就一直这样持续下去（哥德尔确实证明了他可以永远这样持续下去）。

没有任何一个公理列表可以证明所有的算术陈述句都是真的，这就构成了哥德尔不完全性定理的一半内容。[1]这件事本身告诉了我们为真的东西和是可证明的东西之间的差距。

我们来概括一下：算术里存在一些真的陈述，但"真的"并不意味着"可证明的"，正相反，它只意味着一般语义上的真。如果想要它成为真的，这些陈述必定是有关一些具体事物的，而这具体事物就是自然数体系。不仅如此，这些陈述早在任何人思考它们之前就是真的，不管是否有人思考过它们，它们一直是真的。因此自然数早在有任何人思考过它们之前就是存在的，而且不管是否有人思考过它们，它们都是存在的。这个观察结果就是本书第一章最核心的观点。

---

1 如果你非常聪明，你可能倾向于把算术里面所有真的陈述句都当成公理。于是每一个真的陈述句就是一句话的证明。那你怎么证明两个偶数相加还是偶数呢？答案是：这是一个公理！那你怎么证明没有一个最大的质数呢？答案是：这是一个公理！但是这种说法行不通。问题是在这个方法下，我们无法区分什么是真正的公理。每个偶数是两个质数的和，这句陈述语是公理吗？答案是：如果它是真的它就是公理——但是我们根本无法确定这是不是真的，因此也无法确定这是不是公理。这个游戏的规则是：你可以用你想用的任何公理，前提是有一个明确的规则来判定什么是公理。在这个标准下，一系列真的陈述句就并不是一系列公理。

九 遗留问题——大力神和九头蛇的传说

> 即使大力神用棍棒击碎了九头蛇的头也没有用,因为每掉一个头,就有两个新的头长出来。
>
> ——阿波罗多罗斯

在前面的章节里,我答应过给出一个正确,但却无法证明的例子。你可能会认为这个任务很困难,就跟大力神的任务一样困难,所以我们就从大力神说起。

正如你所知,希腊神话里的大力神在盛怒之下杀了自己的妻子和孩子。为了赎罪,他答应完成他的宿敌欧律斯透斯指定的一系列任务。

第一项任务是杀死凶猛的尼米亚猛狮,这个任务大力神徒手就完成了。第二项任务是杀死九头蛇。古希腊神话告诉我们每次九头蛇被砍下一个头,原处就会新长出来两个。

事实上,古希腊人的讲述有误,实际情况要更糟糕点。

首先，九头蛇有很多，每种九头蛇都有不同的形状，但是下面的是一种典型的九头蛇。

正如你所看到的，这种九头蛇有几个头是长在头上的（每个带着字母的圆圈就代表一个头），大力神可以先砍掉最顶部的头：C、D、F或H。

而九头蛇的反应是制造一个新的"创造点"以及在这个点上的所有东西（不包括被砍下来的头）。如果大力神把C砍下来，九头蛇就制造一个新的B（C的创造点）以及所有从B长出来的头（也就是D、E和F）。如下所示：

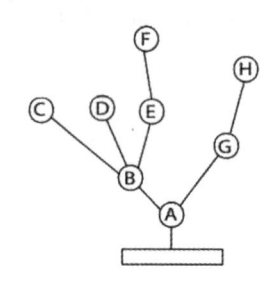

原始的九头蛇

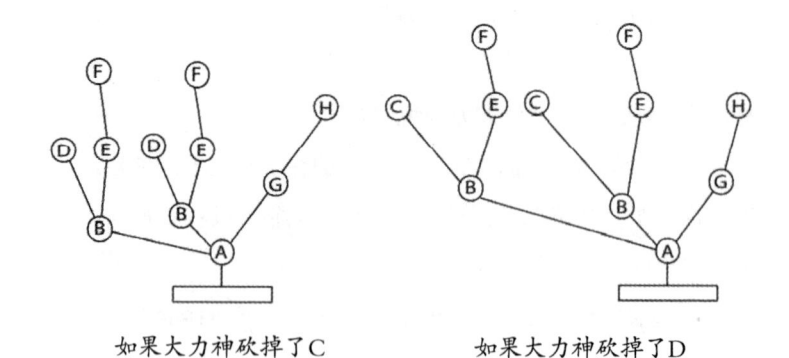

如果大力神砍掉了C　　　　　如果大力神砍掉了D

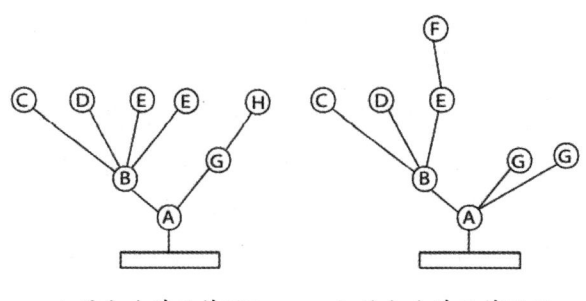

如果大力神砍掉了F　　　如果大力神砍掉了H

下一轮里，大力神也可以继续砍掉最顶端的头——可以是原始的那几个头，也可以是新长出来的。这次，九头蛇要制造新的创造点以及上面长出来的东西——两遍！（也就是它制造出两个新的头，然后加入到自己原有的头上）。那么如果砍掉C后，大力神又砍掉了第一个D，九头蛇就制造了两个新版本的B-E-F分支：

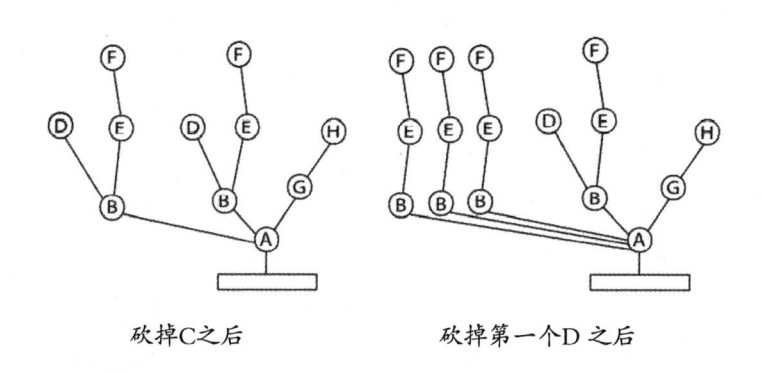

砍掉C之后　　　　　　砍掉第一个D之后

如此循环往复。大力神砍掉一个头，九头蛇就制造出三个新版本的相应分支。大力神再砍掉一个头，九头蛇就制造出四个新版本的相应分支……

大力神只有在砍掉九头蛇所有头的时候，才能战胜九头蛇。

九头蛇有很多种，形态和大小各异，而且有些比其他的更容易被杀掉一些。问题是：大力神是否能战胜他碰到的任何一种九头蛇？实际上，我们应该把这个问题表述成两个：

- 如果大力神是聪明的，他总能战胜九头蛇吗？
- 如果大力神是愚蠢的，他总能战胜九头蛇吗？

第一个问题的答案是肯定的：如果大力神是聪明的（这意味着，他大概会先砍掉最底部的头），这样他总是能赢。

但让人意外的是，第二个问题的答案也是肯定的：不管大力士多么愚蠢，他最终总是会赢。这个不是很显而易见，但是确实是真的。

如果大力神很愚蠢，战胜九头蛇确实需要很长很长的时间。如果用愚蠢的策略，大力神会让这个游戏持续很多轮，轮次数目可能比下面这个序列里的第一百个数还要大：

$$2 \quad 2^2 \quad 2^{2^2} \quad 2^{2^{2^2}} \quad 2^{2^{2^{2^2}}} \quad 2^{2^{2^{2^{2^2}}}} \quad \ldots$$

几乎是无法理解这个数到底有多大，所以我们就看看这个序列里前几个数字吧。前五个数分别是2，4，16，256和65536，第六个数就差不多达到20000位了（把它跟著名的大数"googol"也就是10的100次方相比，googol也只有101位数而已）。这第六个数没有名字，所以我们给它起个名字以便讨论，称它为schnoogol。

数学家 J. E. 李特尔伍德曾经计算过一只老鼠能在太阳表面存活一个礼拜的概率。很显然，这个概率基本为零。李特尔伍德计算的结果是10^{137}（这也就是说1后面有137个零）分之一——换句话说，基本上等于零。从李特尔伍德的计算中推断，如果把144只老鼠送到太阳的表面，它们中任何一个存活一个礼拜的概率大概就是schnoogol分之一。这就形容了schnoogol大到了什么程度。

关于这个序列里的第六个数就说这么多。至于第七个——我们称它为kanoogol——如果你把schnoogol个硬币同时扔起来，所有硬币正面朝上的概率就是kanoogol分之一。至于第八个——我想直接放弃了，这个数大到讨论它都没有任何意义了。

这个序列里的第100个数基本上可以给你一个概念，那就是五头水蛇可以跟一个愚蠢的大力神斗争多久。尽管如此，大力神最终还是会赢，只是得花相当长的时间。

这就是一个数学事实。实际上，这个事实是跟简单的算术有关，因为九头蛇游戏其实也是一个算术练习。上面的图可以帮助我们理解发生了什么，但是这些图并没有必要，因为整个游戏可以只用数字来表达。

下面是一个更出人意料的事实：尽管大力神总赢是真的，但是根本没法证明大力神总是会赢。"没法证明"意味着"没有办法用标准的算术公理证明"，标准的公理就是前一章里提到的皮亚诺公理。

如果大力神的无敌性是没法证明的，那我们怎么知道这是真的呢？那肯定还是因为这是可以被证明的——但是需要用到公理列表外的一个的公理。这个额外的公理我称之为超级公理，那就是：算术法则是一致的（这意味着皮亚诺公理不可能推演出一个自相矛盾的结论）。[1]

有一个更简单的方式来证明大力神总是会赢：我们把一个大力神公理加进来，这个公理就是："大力神总是赢"。于是整个证明只需要一句话："大力神总是赢，因为这是一个公理。"逻辑上看，这似乎无懈可击，但是它无法说服任何人相信任何事，因为凭空编出来一个公理并不能让它本身变成正确的。

但是真理总归是存在的。大力神要么总是赢，要么不是总赢。而且基本上每个人——也就是每个关注这件事的人，只是"每一个人"里的一小部分人——相信他总是会赢是个真理。他们这么认为是因为有一个不是基于大力神定理而是基于超级公理的证明方式，并且这个超级公理不是凭空编造的，而是不证自明的。

是什么让一个超级公理不证自明的呢？只有一个原因——我们认识到算术公理是有关具体事物的。一个公理的随机列表可能是不一致的，但是算术公理不是随机的。它们描述的是一些真实存在的事物，也就是自然数体系。这就是我们知道它们是一致的原因，换句话说，这也是我们知道超级公理是正确的原因。

如果有人有一天发现了一条大力神没法打败的九头蛇，那么我们就会知道超级公理是错误的，然后我们会知道算术的公理是不一致的，而且自然数也不存在。但是这个概率大概就是kanoogol分之一吧。

---

[1] 已知的证明用了超级公理。那是否有其他还没有被发现过的证明，能够不用超级公理？答案是没有，理由如下：超级公理不仅推演出大力神的无敌性，而且反过来也是真的，大力神的无敌性同时也能推测出超级公理。但是我们从哥德尔那里知道皮亚诺公理并不能推测出超级公理，因此皮亚诺公理并不能推测出大力神的无敌性。

十　不完备的人类思维

当涉及用算术证明定理的时候，人类大脑实际或者可能触及的问题的范围，跟人类能跳多高，一个人5分钟内能吃几个热狗，人类能记住圆周率后面多少位，或者人类能到达多远的宇宙这类的问题都不相关，这个问题更像是问一个人在5分钟内能吃多少个热狗且不把自己搞得一团糟一样。这个问题会让不同的人，在不同的时间和不同的社会条件下得出不同的答案。

——托克尔·弗兰岑

哥德尔的不完全性定理启发了两个完全相悖但又各自站得住脚的谬误，并很好地应用了这两个谬误之间的差别。它被用来"证明"人类的思维可能比你以为的有更多的局限性，也被用来"证明"有更少的局限性。

第一个谬误似乎是因为对"不完全性"这个词做的过宽解

释而启发的，有点类似于"哥德尔证明了所有形式的推理必然是不充分的"。

下面是哥德尔实际上证明了的：第一，就像我们所见的那样，不管你使用什么算术公理，总会有很多正确的，但又无法证明的命题。第二，算术没有办法自证其一致性。

这些都说明了公理系统自身的明显局限性，但它们代表的不是人类思维的明显局限性，因为人类的思维不是一个公理系统。我们是用类比或者比喻来思考，被直觉和本能引导，我们在做事的过程中会不断改变规则，所以人类思维是一种随机的混杂物，会经常性地导致错误，但也正因如此，它对不完全性定理的局限性免疫。

对第一个谬误就说这么多吧，第二个更有趣一些。

第二个谬误的论述类似如下：一个由算术公理（所谓皮亚诺公理）运行的计算机，永远都没办法证明大力神能战胜九头蛇。[1]但是，因为我们深知算术具有一致性，所以我们也都知道大力神能击败九头蛇。你我都知道某些计算机证明不了的事物，因此你和我的大脑比任何计算机都强大。

当我还是个孩子的时候，我有一个特别棒的玩具叫"第一代数码计算机"，在消失了几十年后，我特别开心地发现它现在又回到了市场上售卖。第一代数码计算机完全是个机械计算机，它通过弹簧和橡皮筋来运行，你需要自己手动组装，要编程的话你得把小塑料管（把吸管切开做成的）放在对应的拉片上，然后你拉动杠杆来运行程序。这个计算机的背面是完全暴

1　在大力神和九头蛇游戏里我应用了两个事实：1. 单独用皮亚诺定理是无法证明大力神能打败九头蛇的；2. 如果我们把超级公理加进去，然后说皮亚诺公理具有一致性，那么就有可能证明大力神能打败九头蛇。

露在外面的,所以你可以看到塑料管和橡皮筋是怎么互联互动的。在当时,拥有第一代数码计算机的孩子可以深刻理解到计算机运行原理。

你可以给第一代数码计算机编程来玩游戏,尽管不是特别复杂的游戏。这个计算机最高可以做8以内的运算。从我个人当时的能力来讲,我可以下棋(下得不是很好)而且能精确地预计300种可能发生的情况。这是否证明我的大脑比任何计算机都强大呢?肯定不是,这只能证明我的大脑比第一代数码计算机要强大。

同样地,大力神和九头蛇的争论只能证明你和我的大脑是比某些计算机要强大的,但不是比任何计算机都强。一个只用了皮亚诺定理运行的计算机是没办法发现大力神能打败九头蛇的。但是一个用皮亚诺定理加上超级公理(陈述了算术具有一致性,或者陈述大力神总能打败九头蛇的公理)运行的计算机可以很容易得出这个结论。

如果你想要提出一个哥德尔式的命题,比如人类大脑比计算机强大,你可能要做得更好一些,下面就是一种方式:你和我可以"直接看到"一旦接受了算术公理,就也接受了超级公理。但是没有计算机可以做出这样跳跃式的判断。

有些不幸的是,制造一台能够做出这样判断的计算机其实很容易。首先你要用皮亚诺公理来给计算机编程,然后在旁边放一个蓝色大按钮。当按下这个按钮的时候,一个新的公理会加进去,其内容是现有已存储的公理都是一致的。最后给你的计算机安装一条机械臂,这样当它卡在某个证明上并且需要一个新的公理时，它都可以自己按下那个蓝色的按钮。[1]

现在我们有了一台可以"直接得出"什么时候需要加一条超级公理的计算机。有需要的时候，它能自己按下蓝色按钮并且"直接知道"是时候要加一条超超级公理了，其内容是扩充后的公理列表（包括超级公理）都是一致的。依此这样下去，它就跟人类能做的一样。

不过，还是有一些你和我能做到但是计算机不能做到的东西：你和我能看到什么时候需要加上终极公理，也就是不管你按下蓝色按钮多少次，得到的公理仍然是保持一致性的。那这个是不是还是说明你和我的大脑要比任何计算机要强大？不是，这只说明我们比这个计算机要强大而已。只需要制造一台一按下红色按钮就可以导入终极公理的计算机，就能证明我们并不比这台计算机强大。

以此类推。你只要告诉我你想"直接得出"哪些公理并且把某个特定的公理放入你的公理列表里，我就可以制造一台带有一个按钮能够包含这样的公理的计算机。

虽然不够完备，但这基本能够帮我们排除掉第二个谬误。这个最后还有一个试图使其起死回生的方法："当然了，如果我告诉你加入公理列表的规则，你就可以制造一台包含这些规则的计算机。但是我的规则是没有限制的，有一个规则是不管你按下红色按钮多少次，你的理论都是具备一致性的。你可以把这个再对应到一个绿色按钮上，但我仍然可以有一个规则是不管你按下绿色按钮多少次，你的理论还是具备一致性的。所以不管你制造了多少计算机，我都可以有一个规则是你没有包

---

1 这个贴切的比喻要归功于已故的逻辑学家托克尔·弗兰岑。

含到计算机程序里的。所以没有任何计算机跟我的脑力一样强大。"

后果就是当你用到更高级别的规则时，清楚地掌握每一个规则就会越来越难，更别说确保它是正确的了。你真的确定不管你把"应该按下蓝色按钮"这个规则应用了多少次，你仍然有数学具备一致性的理论吗？用托克尔·弗兰岑的话说：

> 当持续制定更有力、范围更广的规则来把一个正确的理论扩展为一个更丰富且正确的理论时，我们会面临一系列关于"什么是很明确的"或者"什么是不明确的"问题……不同的数学家和哲学家对于这些问题也会给出不同答案，而且很多人会说根本没有明确的答案。为了给一个机器人编程让它完美模拟人类数学家，我们可能不得不给它一系列针对这些问题的答复。除非能做到这个，否则我们就没法声称人类数学家可以证明任何事物而机器人不能。我们可以成功制造出一个机器人，其困惑和不确定的程度跟人类反复思考更复杂和更深远的方式是一样的，尤其是在把一个正确的理论扩展到一个更丰富但仍然正确的理论的方式上。

换句话说，你真正常用的原则可能不是无限的，而且只要它们不是无限的，我就能把它们全部放入到一台计算机里。哥德尔的理论并不能用来反驳这一点。

十一　逻辑规则和大肚猪的故事

　　哲学的要义在于提出一些看起来不值得一提的简单问题，但是最后给出一个看似自相矛盾甚至无人肯相信的结论。

　　　　　　　　　　　　　　　——伯特兰·罗素

　　数学家就像你的情人。给一个数学家最简单的原则，他会从中推导出一个你不得不承认的结论，然后再从结论中推导出一个你也不得不承认的结论。

　　　　　　　　　　　　　——伯纳德·德·方特奈尔

　　数学里最著名的违反直觉的定理就是那个广为人知的巴拿赫-塔斯基定理：先找到一个任意大小的球，比如说一个足球。我们总是可以把这个球分成五块，经过重新组合，再把它们组合成两个跟原来同样大的球。然后再重新操作，最后你能得到四个球。如果重复足够多次你可能会有多得把整个宇宙都塞满的球。

这个定理看起来很有用，尤其是当你不确定多少人会参加你的生日派对时。你可以做一个任意大小的蛋糕（这个定理在不是球体的时候更好用），把它分成五块，然后再把它们重新组合一下，你就有两个蛋糕了。

不幸的是，巴拿赫–塔斯基定理只能应用于真正的固体，而生日蛋糕不是严格意义上的固体。现实世界里的任何事物都不是，因为每一个事物都是由原子构成的，而原子的内在大部分都是空的。巴拿赫–塔斯基定理之所以让我们震惊，是因为我们对于真正的固体其实并没有概念。

我们知道巴拿赫–塔斯基定理是正确的，不是因为看到了证据，当然也不是因为直觉或者洞察力，而纯粹是通过逻辑推理，有一个逻辑证明可以把它推导出来的，而且任何一个研究生一年级的学生都可以理解。这个证明是基于算术的基本事实，还基于我之前提到的，通过超出逻辑范围的方式来知晓的有关集合论的事实。但是把这些事实放在一起，巴拿赫–塔斯基定理就能够依照逻辑推导出来了。

这里的寓意就是有些知识仅能通过逻辑获得。这个不仅适用于数学知识，还适用于这章的后面我给出的一些经济学的相应例子。但是我们还是先再讲一点数学。

如果你想要一个简单、漂亮又有强有力的数学证明的好例子，就请翻回到本书的第三章。那里的论述表明了有限的质数集是不完整的（换句话说，质数有无限多个）。就像巴拿赫–塔斯基定理所讲的，这不是一个通过纯粹的洞察力、直觉或者超感官直觉能得出的结论，这需要证据。

举一个更让人吃惊的例子，你随机选到一个没法被任何平方数（除了1以外的）整除的数字的概率是多少？[1]答案是$6/\pi^2$，或者约为60.79%。这个π跟你在几何课上所学的大约等于3.14的π是同一个。如果提到一个60.79%这样的数字可能并没有太多意思，但是π就不同了。为什么几何里的圆周率会在一个算术问题里出现呢？

证明$6/\pi^2$是正确的答案可能比证明质数的无限性要难一些，但是比证明巴拿赫–塔斯基定理要容易一点。

在数学里，只是用逻辑就可以揭露很多伟大的真理，在其他领域也是同样的。举个例子，纯逻辑——在不代入任何证据的情况下——能告诉我们世界的空气污染有些严重了。这个结论可能看起来没有平时听起来那么严重。诚然，没人喜欢污染，但是这并不证明我们的污染已经很严重了，就像没有人喜欢付账单一样，但这并不证明我们已经付了太多账单。污染就跟付账单一样，是我们所需要的东西（比如说电力、现代建筑和飞机）必然产生的副产品，所以恰好的污染量不应该为零。

那么如果污染量不是零的话，我们如何知道我们已经有过多的污染了，而不是过少或者恰好？如果不知道当前污染的水平或者污染导致的危害程度，怎么会知道答案呢？答案可以从一个大肚猪[2]的案例中寻找。

我曾经带过一个研究生，她的名字恰好跟一个兽医学教授的名字重名。有一天，她收到了（很明显是寄错了）来自本地一个农场主的一封信：

---

1 如果这是一本数学课本，我可能会在这儿花点时间来准确解释一下"随机选"这个词的意思。但这本书不是数学书，所以我不会解释。举个例子，数字104可以被一个立方数整除（也就是4），而105就不能。

2 大肚猪是一种源自越南的家猪品种。

亲爱的奥德里齐博士：

今年十月份我们从佛蒙特州的阿斯塔西亚·康普那里买了一头大肚猪。兽医说我们需要一份健康证明，尤其是包含狂犬病检疫的证明。我们从阿斯塔西亚那里知道她会把她的猪送到大学里检查。她还给了我们您的名字。还有，您可以把给大肚猪做血检的最好方式告诉我们吗？

希望您能在这件事儿上帮助我们。谢谢！

约翰·温尼坎普

她回复说：

亲爱的温尼坎普：

尽管我不是给大肚猪做血液检验的专家，但我深信，如果正确运用经济学理论的基本原则，是可以很高效地完成这个任务的。

您的大肚猪做血检的最好方式就是，一直测试下去直到测试的边际成本正好等于测试的边际效益。[1]

下文这个图[2]可以把我的意思说清楚：

1　"边际"这个词的意思是，举个例子，当测试值是3的时候，图形显示了在第一加仑（1美制加仑=3.785412公升）和第二加仑已经被测试完之后，测试第三加仑血会导致的额外成本和收益。

2　理论中为了更好地展现，边际成本曲线将模拟成直线。——编者注

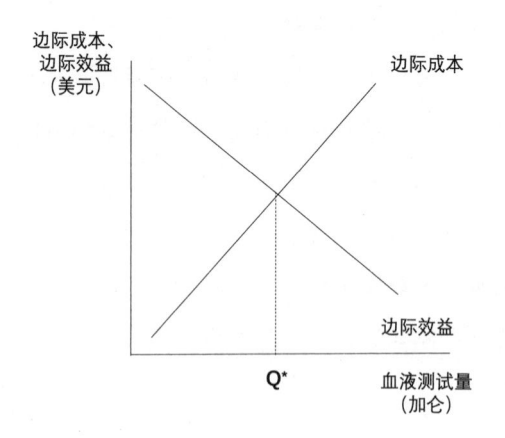

```
边际成本、
边际效益                    边际成本
（美元）

                        Q*        血液测试量
                                   （加仑）
                                   
                                   边际效益
```

奥德里齐博士

冒着可能会糟蹋这个有趣的笑话的风险来认真解释一下：我发现奥德里齐博士的建议既完全正确，同时也是完全没意义的。对于第一、第二和第三次抽血，这个图形显示测试的收益（以1美元计）超出了成本，所以这些猪血量是应该被测试的（如果能用比加仑更小的单位来检测猪血就更好了）。[1] 同样的情况持续下去直到测试的血量增加到Q*这个点，因为这个点成本正好等于收益。对于之后所有增加的血量，测试的成本超过了收益，所以当达到Q*这个测试量的时候，你就应该停止。

这个分析非常简洁明了。不幸的是，我们完全不知道Q*是等于4还是8还是17，奥德里齐博士只是在一张纸上画了几条曲线而已，她对大肚猪一无所知，我们怎么可能知道答案（当然了，这就是这个笑话的重点）？

这该是多么了不起啊，在不比奥德里齐博士更专业也不比

---

[1] 下文的图会展示边际成本和收益，也就是说，它显示了每增加一加仑的测试量所产生的额外成本和收益。

她更关注这个事情的情况下，我们能用一种类型的图形发现有关世界本质的问题。

假设温尼坎普给他的猪抽血，猪的高声尖叫打扰到了邻居。那么我们就在这个图里多加条曲线，除了之前的私人边际成本曲线，它代表的是温尼坎普先生关注的成本（时间、精力还有用于血检的原材料），我们就有了一个新的社会边际成本曲线，它包括了所有这些成本加上给邻居造成困扰的额外成本。

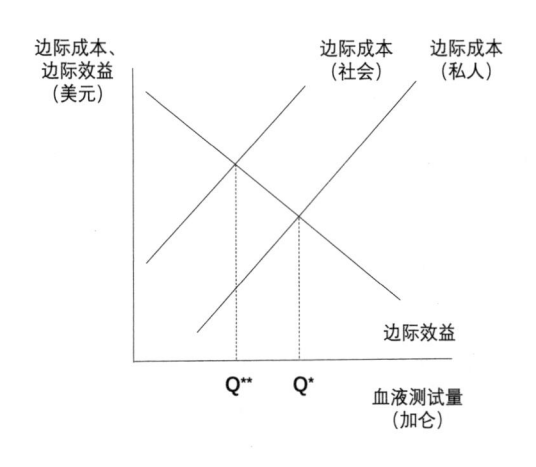

边际成本、边际效益（美元）　　边际成本（社会）　边际成本（私人）

边际效益

Q^{**}　Q^*　血液测试量（加仑）

对于温尼坎普来说测量Q^*加仑的血量仍然是有必要的，因为他并不关心血检会给邻居造成骚扰。另一方面，如果你关心他的邻居，而且相对于所有成本（包括邻居的成本），你想把收益最大化，你会想让他只测Q^{**}加仑。

所以现在你知道了：一个自私的温尼坎普会只测量Q^*，而一个更有社会意识的观察者会只想让他测量Q^{**}。但就像之前一样，我们根本不知道Q^*和Q^{**}的具体值是多少，所以这看上去跟之前一样没什么用。

但是除了这点，我们还学习到了一个很重要且深刻的事实。那就是，Q^*总会出现在Q^{**}的右边。换句话说，如果给你的猪抽血打扰到你的邻居，你就比你应该抽的血量抽多了，这其实跟所有烦扰到你邻居的活动一样——例如，空气污染。

上面提到的"应该"有一个很精确的含义。我会说你"应该"做某件事，如果这件事带来的整体收益——对你和任何其他人——超出了它整体的成本。以上血检的图形就显示了一个重要的普遍性原则：当你的行为成本会部分波及到你的邻居，你可能超出了你应该做的行为范围。

这是经济学里一个最基本的原则。它也是——至少在给大肚猪抽血的这个例子里——完全不可证明的。它不可证明是因为实际上我们完全不了解抽血会给邻居带来多少困扰，因此没有实际上可以测量的成本和收益。但尽管这个观点是不可证明的，我们仍然知道它是真的。只要社会边际成本曲线位于个人边际成本曲线的上面，我们就知道Q^*会在Q^{**}的右边。这是一个可以完全由几何学推导出的结果，自欧几里得发现几何学之后，单是几何学就是一个比任何观察方法都要可靠的寻找真理的方法。

我们还可以根据一个相似的示意图确立一个类似的原则：当你的行为收益会部分波及到你的邻居，你做的可能比你应该做的要少得多。

你可能认为这个原则是显而易见的，但是它带来的各种后果却并不是如此。比如，考虑一下这个问题：这世界上的一夜情行为是过多还是过少呢？

我们先做一个思维实验。我们假定你（不一定是真实的你，可能是某个虚拟的你）是一个不计后果、生活混乱的人，而且曾经有过很多性伴侣。一个想当然的结果是你非常可能染上某种可怕的疾病，而且每当你与一个新的伴侣发生关系后，你都有可能把这个疾病传染出去。

当然这并不意味着你以后就不能有性行为，甚至不能证明你的性伴侣太多。就像污染一样，你的不计后果是有一些好处的，至少部分抵消了它的成本。你这种放纵的生活方式可能给很多人带来了快乐，所以，关于你性伴侣过多还是过少也不是很明显就能看出来的。但是我还是会说你的性伴侣太多，就像我会倾向于说这世界上有太多污染一样——因为你的行为成本会部分波及到我们其他人，我们都在同一群人里寻找伴侣，所以每次你在我们这群人里乱来，你都在污染这群人。大肚猪原则告诉我们你乱来得太频繁了，如果你稍微自律一点，这世界可能会更美好。

以上这点很容易理解，而且也很容易让人相信。但是我们来看看这个例子的反面，这才是会让人觉得诧异的地方。

假定你是那种非常谨慎并且在私生活上很保守的人，过去的伴侣比较少，因此你非常不可能染上可怕的疾病。所以当你加入到寻找性伴侣的那群人里的时候，你神奇得让这个人群变得更加"干净"了一些，因为今晚跟他们回家的伴侣是个安全的伴侣，他们自己都没意识到自己有多么幸运。

这次你波及到他人的就不是成本了，而是收益。而这也可能意味着你的伴侣太少了。那些不够谨慎的人在这群人里多次寻找性伴侣，而你的次数又太少。所以如果我们让你有更多的伴侣，这个世界可能会更加安全、快乐。

事实上，这个世界会因为两个原因变得更好，我之前只提到过一个原因：你和随机性伴侣的性行为相对更安全一点。你让世界变得更好的第二个原因有一点点可怕，但在实证上很有意义，那就是：如果外面有被感染的人，然后你今晚想找一个伴侣，你可能会带其中一个被感染的人回家，那么你自己就受感染了，最终会生病，甚至你可能会死去。但对于我们其他人来说，这很棒——因为如果你死了，病毒也跟你死去了，这个传染会终结在你这里。所以如果有人今晚要得病，我更希望这个人是谨慎负责的你，而不是一个不负责任的人，因为这个人在死之前会传染给另外几十个人。

这个论证是对的，但不幸的是你没办法把这个用作寻找伴侣的搭讪话术。你在酒吧和人开口时如果说，"和我回家吧，来感染你的是我而不是别人"，这成功率应该很低。这里的重点是个人利益和集体利益的脱节。吸烟的人并不在乎他的烟斗给别人带来的损害，就像不检点的人也不在乎把病毒传播出去，而你——一个谨慎保守的人——也不在乎那些因为你的过度谨慎和保守而被无聊致死的人。

那我们应该怎么做呢？理想情况下，我们应该找一种方式来鼓励性保守者更积极地寻找伴侣。更积极不是过于积极——我们可不想把所有人都变成不检点的人，更积极一些就行了。那我们怎么做到这个呢？我完全没主意，但我感觉发放免费的避孕套可能是正确的第一步。

如果我们在某种程度上让这些人放松一点自我要求，这世界可能会变得更好——一个有更少艾滋病患者和更多快乐记忆的世界。而最惊人的是，我们是通过纯粹的逻辑推理而不需要实际证据的情况下就得出了这个结论。

那世界究竟会如何变得更好一点呢？首先，你的伴侣会获得乐趣。诚然，他们冒着染病的风险，但是他们也确定你值得冒这样的风险——即使不知道具体风险有多少。而且，你可能通过增加安全性行为的比例而从不检点的人那里抢走了伴侣，降低了疾病传播的速度。另一个层面，你可能也会加快疾病传播的速度——毕竟我们实际并不能确定你没有被感染。

这个结果有好有坏。接下来你的性伴侣会导致第二轮影响，你的性伴侣的伴侣会导致第三轮影响，把这些延展出去的过程理清楚，就是一个重大的研究项目了。幸运的是，我们都提前知道这本账要怎么算，总体来说，那些在性方面相对谨慎的人能够更加放纵一些肯定是个好事儿。[1]

如果你觉得这样的结论有些令人惊讶，要记住这用的是跟世界有太多污染一样的逻辑推演的。如果你相信这个世界有过多的污染，你必定也相信这个世界有过多守身如玉的人。

请容许我再多强调一遍这一章的重点，那就是：你不一定需要通过任何有关大肚猪的知识来知道给猪抽血会打扰到邻居。你也不需要实际了解太多有关污染水平的知识，但你可以知道这世界有过多的污染。你也不需要了解任何有关性病传播率的知识，但你完全可以知道高风险人群有过多的性伴侣，而低风险人群有过少的性伴侣。因为所有这些都可以由纯粹的逻辑推演出来，而纯粹的逻辑有时候就是你所需要的所有知识。

---

[1] 一个更准确的结论需要证据，还有一些经济学（也就是人们对于激励政策的反应）传染病学（也就是病毒传播的方式）的知识。哈佛教授迈克尔·克雷默同时是这两个领域的专家，他预估如果我们能让每个每年性伴侣少于2.25个的人把性伴侣数量提升到2.25个，我们就可以大幅降低艾滋病传播的速度。

十二　证据的规则

> 如果是一个奇迹，那么任何有关证据的存在都可以证实它；但如果是一个事实，那证明则是有必要的。
>
> ——马克·吐温

在2004年这一年，印度贝纳勒斯的上百万居民每天经手大60万个避孕套。这些避孕套里的绝大部分（由印度政府免费提供）不是用来做计生工具或者疾病防范的，而是用来给城市里20万台织布机做润滑剂用的。织布工人拿了免费的避孕套，把它们放在织布机梭子上摩擦，然后再把剩下的橡胶扔掉。

如果你对避孕套、贝纳勒斯的经济、印度的计生政策还有人性有所了解的话，你可能已经猜测到这个故事的梗概了，但你绝对不可能猜测到准确的数字。所以有时候，你需要收集一些事实。

但事实本身是不够的，必须要有针对这些事实的各种解释，还有最终把它们总结和概括起来的意愿。比如我相信你身体里有主动脉不是因为我见过你的主动脉，而是我听说其他人都有主动脉，所以我猜测你也有。

如果你拒绝接受这样的论证，那有一个网址上的内容可能很适合你。我有幸作为客座博主在一个著名法律博客"沃尔克同谋"（Volokh Consipracy）上发表博文，这个博客聚集了网上大批优秀的法律知识分子。和所有其他的公共博客一样，偶尔有几个像我这样的疯子来此访问。在博客上我写了一个路人水平的文章，内容提到附带免费洪灾保险的房子可能会卖得更贵一点。我立刻就被人质疑，要求给这个异乎寻常的观点提供证据。那好吧，我有很多证据，比如说：修理胡须加上理发要比单独理发贵；一份汤加上三明治要比只是喝汤贵；一个洗衣机和一个干衣机加起来也要比单独一个洗衣机贵。而且我们都理解是为什么：当附送了一个免费的产品或服务时，就提升了市场需求，当你提升了市场需求时，价格就上涨。房屋交易市场同样也适用这个规则，所以一栋房子加上一个保险肯定比只是一栋房子要卖得贵。

那些质疑我的网友实际上宣称的是（非常严肃，但也可能他们只是有点暴躁）上面这些例子都是不相关的，因为它们没有一个是跟房屋买卖有关的。那好吧，带着火炉的房子比同样的不带火炉的房子贵。哦，但这也跟带着保险的房子不一样！如果这个类比也不行，那我还是放弃吧。

Volokh Consipracy博客上的理论学家们都只看重事实，不愿意接受任何理论的混淆，但如果你想学到点东西的话这是不可能的。我们知道所有"基于证据"的论述实际上都基于附带着相应理论的证据。比如说我们知道草是绿的，部分原因是我们看到的草都是绿色的,还有部分原因是有一个理论能允许我们从一片绿色的草丛推论并且归纳出其他的草都是绿色的。如果你拒绝接受任何一点理论,那么当然你就可以拒绝相信任何事,不管它们看上去有多么显而易见。假如我给出的是一个确实存在的房子,比如说是位于堪萨斯市的一座房子,它确实因为卖家附赠了一份免费的保险而提高了售价,我确信一定会有人说我的观点就只适用于堪萨斯市,还只在某个特定的月份成立。

这里顺便提一下,以上不仅仅是个学术练习,还有一个重要的政策含义。比如说美国联邦政府要采用一项协助洪灾受难者的政策,也就是高效地提供免费的洪灾保险。因为有了这项政策,易受洪灾影响的房子就会卖贵一点,但这对那些(大部分是穷人)试图买洪灾区的便宜房子的人就不太有利了。所以这里的矛盾之处在于(可能对之前没想过这件事的人来说),给穷人的免费洪灾保险可能会让穷人的情况更糟糕。

拒绝推理归纳只是逃避现实的方式之一,而互联网给那些摆出"相关并不代表因果关系"的理由以便于看到证据却想忽略证据的人提供了一个逃避现实的舒服场所。确实,相关性自身并不能推导出因果关系,但他们错在,直接从这个观察结果跳跃到了一个没有依据的结论,那就是:认为没有什么能代表因果关系。

抽烟常常跟肺癌有一定相关性,因此我们很容易推导出一些跟这个观察结果一致的理论。那这个理论可能是抽烟会导致肺癌,也有可能是肺癌导致了抽烟(比如说有可能肺癌在人体里隐藏许久,被发现之前一个首要的症状就是渴望抽烟),还有一个可能是人体里某一个基因的存在既会导致癌症,也会导致易上瘾的性格倾向（想抽烟）。

要弄清楚到底哪个成立也有办法。建立因果关系的黄金标准就是对照实验。比如我们随机指定一些人抽烟，另一些人不抽，然后监视他们确保他们听从指令，再追踪他们几十年，最后看看谁会得病。如果这个相关性能够成立（如果你的样本足够大到可以排除掉偶然的可能性），你就可以足够有信心地下结论是抽烟导致了癌症，这是因为你把其他的可能性都排除掉了。你知道"癌症导致抽烟"不是一个可行的理论，因为你知道事实情况，很多人纯粹是因为偶然的际遇才开始抽烟的。

其实任何科学家都不太可能来实际操作这个实验，但政治家们却在反复操作这个实验。比如，无论何时宾夕法尼亚州提高烟草税，有一些宾夕法尼亚人就会戒烟——而纽约州的烟民还是会继续抽烟。如果你碰巧居住在纽约，这个就有点像实验里把你指定为抽烟的那个群体，而如果癌症发病率在宾夕法尼亚州下降，却不是在纽约，你就得到了抽烟导致癌症的证明。[1]

以上就是被经济学家们称为"自然实验"或者（用术语的话）"工具变量"的方法（在这里工具变量是税率）。经济学家们总是在寻找一些好的工具变量，举个例子：在非洲国家，经济困难时期往往伴随着社会动荡甚至内战。这个相关效应非常大，比如说经济增长下降5个百分点（相当于一个较严重的经济衰退）会导致内战的概率增加1/3。

那这里是哪种因果关系呢？是不是困难时期会导致民众不

---

[1] 实际上，这个证明能说明的问题还是偏少了一点：它显示的是在对税费调整更敏感的人群里抽烟会导致癌症。但因为我们可以十分肯定地说这些人跟其他人一样有着相似的生物机能，所以我们可以下一个更合理、范围更广的概论。在其他例子里，这样扩展概论可能会有问题，我们下面会列举这样的例子。

满，最终引发动乱？还是动乱干扰了生产活动，最终导致经济困难？

为了回答这个问题，加州大学伯克利分校和纽约大学的三位经济学家观察到有很多的经济困境是由恶劣天气导致的，但最后结果是即便经济困境跟恶劣天气有关，它们跟内战发生概率的相关性却更大一点。

我们再次得到了一个工具变量（也就是天气）和一个自然实验。天气随机地指定了某个国家比其他的国家要穷一些，并且让这些国家有更多的战争。这样从表面看起来，是经济困境导致的战争。

另一个例子：那些允许人们看很多色情内容的州往往有更少的强奸案。这里的因果关系是什么？难道是一些潜在的强奸犯因为更容易接触到色情内容就不会犯罪了？还是因为有优秀的执法部队让潜在的强奸犯不敢出门作案？还是对于性行为更为开明的态度促进了更多色情内容的同时导致了更少的强奸案？

互联网的出现给这个问题提供了一个庞大的自然实验，更不错的是，因为互联网在不同的州兴起的时间也有所不同，所以它可以给出50个自然实验场景。

这些实验最终的结果就是："更多的互联网接触与更少的强奸案相关联。"互联网的普及程度如果提升10%的话，相应的强奸案的数量就减少7.3%。在那些采用互联网的州可以观察到强奸案数量在迅速减少。根据克莱姆森大学教授托德·肯德尔的理论研究，即便我们控制了所有明显的混合变量，比如酒的消费、警力、贫穷、失业率和人口密集度等，这样的相关效应仍然存在。

由此我们可以得出一个至少是试验性的结论：访问互联网可以减少强奸案的数量。但这离最终得出接触色情内容可以减少强奸案数量这个结论还远着呢，因为有可能强奸案的减少是因为强奸犯们都待在家里搜索维基百科了。但肯德尔教授还指出了互联网访问和凶杀案之间就没有同等相关效应，那么看来搜索维基百科只防止了强奸案，但并不同时防止其他暴力犯罪。但是另一方面，我们会更容易联想到的是接触色情内容可以降低强奸案的发生率。

如果没有在搜索维基百科，那会不会是因为在网络约会？有可能强奸案犯罪率下降了是因为之前是强奸犯的人在交友网站找到了真爱。但肯德尔教授的研究结果又显示：15岁到19岁的案犯所受的影响最大，而这些人群最不可能用这些约会服务。

不只如此，肯德尔教授还指出，这些青少年是上网看色情内容最多的群体。如果他们跟父母住在一起，及时关闭浏览器窗口比把一堆色情杂志塞到床底下要快多了。所以这些辅助的证据跟我们对互联网色情能够减少强奸案的假设是一致的。

心理学家的确发现男性试验对象在看完色情片后，更容易产生厌女情绪。但就像肯德尔教授指出的，我们必须先弄清楚这些试验测试的是什么：他们测试的是在一间特定的观测实验室内，研究者要观察观看色情片会在试验对象身上产生什么效果，观察结果是：在私密环境下观看色情片，试验对象们通常会达到让他们极度满足的高潮体验——也是一个可能会降低性攻击冲动的体验。

当我在写给《石板》杂志的一篇文章里提到肯德尔教授的研究时，我被一些一知半解的人的来信给淹没了，他们很严肃地反驳说这样的结论是不可能的，因为相关性并不能推导出因果关系，所以我们根本不可能就此得出因果关系。我在想这些人到底是怎么生活的？他们是不是会假装不知道"没有汽油的话，汽车就不能发动"这个道理？他们是不是每天都开着没油的车上班，然后在路边停下来开始咒骂自己只是运气不好？或者在他们内心深处，他们其实跟其他所有人一样也是接受：通过这种因果论证方式得到结论知识也是可以的？

不过这些怀疑论者还是有一件事情搞对了，那就是即便是一个自然实验，在没有一点理论伴随的情况下，也是没法证明任何事的，而且如果你的理论是错误的，那么结论也可能是不准确的。

再拿癌症和香烟举个例子吧。宾夕法尼亚州提升了烟草税，那么该州的人就减少了吸烟，宾夕法尼亚州的癌症得病率也降低了。同时，纽约州有一个稳定的税率，癌症得病率也因此很稳定。那这个是否可以证明抽烟导致癌症？当然不能，这最多证明了在那些对税率调整更敏感的人群里抽烟导致癌症。所以一个更广泛的概括需要一个理论，而在这个例子里，我们所需要的就是例如"癌症和抽烟之间的关系是生物性的，而我们所有人的生物性都是一样的"这样的理论。

假定你想要验证癌症和抽烟相关性的理论（我知道，我知道，你已经深信这个理论，所以你觉得没必要再验证了，但是再忍耐一下，这个很有启发意义），第一步是要对医学足够了解，这样你就能更精确地构造这个理论，比如说像"吸烟导致肺部的损害，而肺部的损害会导致癌症"这样的表述。这样表述最好的意义就是它很容易得到验证，比如你测量抽烟和肺部损害的相关性，再测量肺部损害和癌症的相关性，然后把这两个数字相乘，你就得出了抽烟和癌症的相关性。如果这个等式最终被证明是真的（在可容忍的误差范围内），你就有了足够的证据来支撑你的理论。

在经济学里，这类的逻辑推理被称为"结构模型"。变量越多的时候，结构模型会越精细。比如高中辍学生比高中毕业生更有可能进监狱，那是辍学导致了犯罪吗？或是打算犯罪的学生会辍学？还是有一些其他变量，比如低智商或缺乏父母管教会导致这些结果？寻找因果关系还可以涉入更深的领域，比如说是不是低智商导致父母无法管教？或者缺乏父母管教导致了低智商？

基于研究人员对相关的科学和经济学的理解，结构模型可以弄清楚所有这些问题。一旦开始涉入这些问题，你就可以从相关性（比如"相关性A与B的比率，等于相关性C与D的比率与相关性E与F的比率之和"）中推演出复杂的关系，你可以检查一下这些等式是否能站得住脚，如果它们可以，你就能相信这些模型。

实用计量经济学家们同时依靠自然实验和结构模型来区分因果关系和相关性。举个例子，我们可以相当确定，高中辍学生更有可能做出犯罪行为，因为他们是辍学生。

只有通过结构模型我们才知道降落伞可以救命。确实，死亡跟没戴降落伞有很高的相关性，但这相关性确实不代表因果关系，而且没有任何人做过这样一个控制实验，让随机选择的10个实验对象戴着降落伞从飞机上跳下去，然后让另外10个不戴降落伞跳下去。那么为什么精神正常的人们都相信降落伞确实能让跳伞者活下来呢？答案是：因为我们可以用结构模型，也就是说，有一个论述过程能告诉我们降落伞可以救命，而且这个论述可以做一系列精准的预测。它可以预测跳伞者如果没戴降落伞极大可能会面临大量骨折的危险，而且那些掉落在树顶的人可能会比那些掉落在石滩上的人存活率更高一些。这些预测的精确性能够提升我们的信心，我们可以说这个例子里的相关性确实是一种因果关系。这种论证就是经济学家们经常用的论证，所以用这些论证去了解一些事物并获取相关知识是可能的。

还有一个例子同时结合了自然实验和结构模型：我们都知道上过学前班的儿童更有可能从高中毕业，更有可能避免青少年时期就怀孕，而且更有可能成年后不用靠领取福利救济生活。作为成年人，他们能获得高薪的可能性也比没上过学前班的孩子更高。他们的工龄更长，而且有更低的犯罪可能性。这里有因果关系吗？还是仅仅有相关性而已？

在这个例子上我们确实有一个可以做控制实验的优势，比如说密歇根州伊斯兰提市的佩里学前教育项目。这个项目针对三岁左右的贫困儿童，入学资格是由掷硬币随机决定的。结果是，就像其他受过学前教育的孩子们一样，佩里项目的孩子们也比本来与他们条件相当但没参与该项目的孩子们有一个更成功的成年生活。

不幸的是，这个实验还有一些不清晰之处，因为不是所有获得入学资格的家庭实际上都把孩子送入了这个项目。那么佩里项目的孩子们取得了成功的未来是因为他们上了学前班，还是因为他们有愿意把孩子送入学前班的父母呢？

这里就需要结构模型了：我们可以从详细的理论出发，而且是所有有关学前教育、智商、父母管教、父母智商、学前班技能以及学前班技能对后续所学技能的帮助等变量之间互动的理论，这些理论预测了不同变量之间相关性的复杂关系。你可以测验这些关系看看哪些理论能站得住。最后的结果是：学前教育能够导致好的效果。基于诺贝尔经济学家和卓越的结构模型家詹姆斯·赫克曼的结构模型，我们推论出在学前教育上每花费15000美元，就能为警察局在防治犯罪的警力上节省80000美元。

但事情并不总是那么容易，因为佩里学前教育实验所基于的各种理论是复杂艰深而又困难的（一个理论错误可能会有破坏整个事业的风险）。所以在那些偏好倚重于自然实验同时将外显理论应用降到最低程度的经济学家们和那些倚重于精确的结构模型的经济学家们之间，有一种积极的对抗关系。

我会再用一个例子来结束本章：在NBA比赛里，白人裁判员更有可能吹黑人球员犯规，而黑人裁判员更有可能吹白人球员犯规。

如果你把所有可能的理论解释都列出来，那其中可能会有一个理论：出于某种原因，NBA会把白人裁判员指定给有大量黑人球员的比赛，而把黑人裁判员指定给有大量白人球员的比赛。但这个解释其实是错的，因为实际上裁判员是随机指定的。所以我们在这种情况下采用了一种自然实验。

那这个实验是否能证明白人裁判员对黑人球员更加严苛呢？这个完全看不出来，因为它证明的可能是正相反的结论！如果白人裁判员对黑人球员更加宽松，那么黑人球员就会在白人裁判员的时候更易犯规。所以有可能的是，在有白人裁判员的情况下，黑人球员犯规次数增加了20%（因为白人裁判员对他们更宽松），但是他们多次犯规的情况下，只有1%的犯规被吹犯规了（反过来是同样的情况）。

你可能觉得这个理论不太合理，但重点是以上列出的数字本身没有办法用来反驳。想要判断它是否合理，你必须知道一些比赛规则还有裁判员是如何跟球员互动的——就像如果你想了解学前班的益处一样，你必须了解有关认知发展的相关知识。因为有了理论才让获取知识变得可能。

事实上，以上几个章节的主题就是获取知识是可能的。但这引发了一个问题：我们是否有可能知晓所有的事情？你可能听说过现代物理学基于一个不确定性原理，它主张对事物的全面知晓是不可能的。那么在下一章节里，我会解释什么是不确定性原理。

十三　知识的局限

宇宙从不会配合掩盖真相。

——亚瑟·查理斯·克拉克

一点点不精确性有时候可以节省大量解释的时间。

——赫克托·休·门罗

本章会充斥着谎言，因为我要在这章里解释量子力学的理论基础，如果你打算非常严肃认真地了解有关量子力学每一个细节，你更适合看教科书而不是这本书，因为我在这章里所有的谎言都是由极度简化的陈述所构成的，这样能让这章更容易理解的同时，也不会漏掉任何核心重点。

我想在此讨论一下量子力学，是因为我们已经讨论过了知识，而量子力学经常被认为给人类的知识设置了巨大的局限性，尤其是著名的（但经常被误解的）不确定性原理。所以我认为在这里解释一下不确定性原理是一个好主意。

假设你在一个箱子里发现了一个电子。肉眼没法看见电子（因为太小）但是你可以想象它在箱子里四处移动，但如果你真的要去寻找它（比如说用一个超级显微镜），你可能在箱子的左边或在箱子的右边找到它。

但是此刻你没有在找，你就是在漫无目的地猜测电子的位置，那么在大多数情况下，量子力学会告诉你不可能知道这个问题的答案。

啊！这就是人类知识的本质局限性了吧？其实不是，原因是：绝大部分时间里电子是不在任何地方的。问"电子在哪里？"就跟问"电子最喜欢的电影是哪部？"一样，都是没有意义的问题，而没办法回答一个没有意义的问题并不代表人类知识的局限性。

电子怎么可能不在任何地方呢？因为电子跟我们所熟知的事物的运动规律不同。相对于一个具体位置，电子有一个量子态。什么是量子态？量子态是圆上的一个点，这个圆不是一个物理意义上的圆，而是一个纯粹数学意义上的圆，就像下面这个：

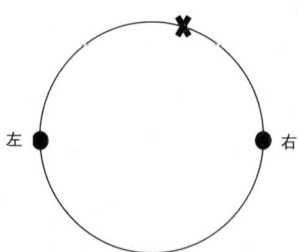

（图：一个圆，顶部标记×，左侧标记"左"，右侧标记"右"）

我会用X来表示电子的量子态。电子具备一个量子态就像我们大脑具备一个想法一样，它跟你能看到、闻到、摸到或者感受到的重量都不一样，它既没有颜色，没有位置，也没有任何其他物理形态。它只是存在着。

量子态在圆圈上运动，就跟量子态本身一样也是没有任何物理形态的。在这个过程中，它会偶然经过我们标志为"左"的那个点，在那一刻，电子是在箱子的左部。片刻后，量子态又穿过了标志为"右"的那个点，在那一刻，电子是在箱子的右部。剩下的时间里，电子不在任何地方。

那么现在假定当电子不在任何地方的时候你想要寻找它，有个奇怪的事情发生了：量子态跳跃到了圆圈上"左"或者"右"点上，所以这时候电子可以被你找到。

量子态是怎么决定跳跃到哪里的？答案是：通常情况下，它会跳跃到最近的极点上。哪个极点离它更近，它就更有可能选择它。如下图：

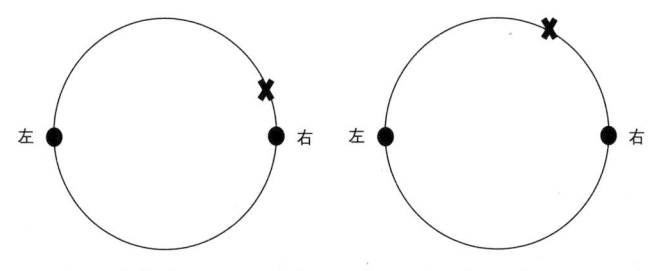

这个量子态非常有可能会跳到右边。

这个量子态跳到右边的可能性要大于50%。

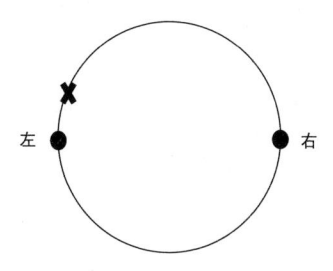

这个量子态非常有可能——但不是确定的——会跳到左边。

这个量子态跳到左边和跳到右边的可能性是一样的。

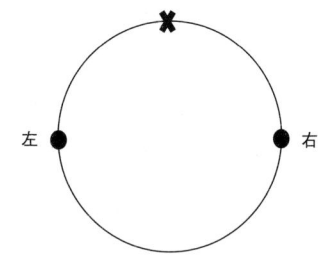

那你能知道什么？这取决于你问的问题是什么：

1. "电子在哪里？"：这就是问了一个没有意义的问题（除非量子态碰巧跳到了圆圈左边或者右边的点上）。这个问题是没法回答的，但只是因为它本身没有意义。

2. "什么是电子的量子态？"：这个答案可以准确地知道。举个例子，如果你一个小时前看着电子，发现它在箱子的左边，你就知道一个小时前的量子态是"左"点。如果你知道量子态绕圆周运动的速度（基础物理学可以计算），那么你可以很容易就算出现在的量子态是什么。

3. "当我在寻找电子的时候，电子会在哪里？"：这个问题没有一个确定的答案。因为你预测未来的能力是有局限性的，但是你对当前的所知是没有局限性的。

我们仍然还没有说到不确定性原理。就不确定性原理来说，我们还得想象出另一个问题：电子运动的速度有多快？（这个跟问量子态以多快的速度在圆周上移动完全是两个问题！）这也是一个无意义的问题，因为通常电子是没有速度的（这不是说它是静止的，如果它是静止的，那它的速度就为零）。但是这个答案有两个例外情形：当量子态在圆圈顶点的时候，我们知道电子移动得很快（尽管它还是不在任何地方），当量子态在圆圈的底点的时候，我们知道电子移动得慢。所以顺其自然地，我们给圆圈做出这样的标注：

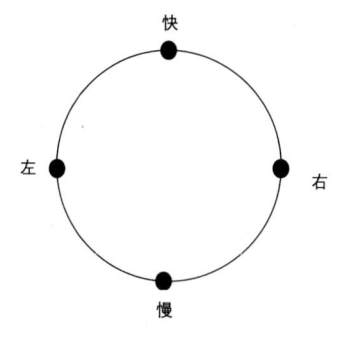

如果你选择测量电子的速度，量子态会跳跃到圆圈的顶端，或者圆圈的底点，在那个位置你会相应发现电子的移动要么快要么慢。而量子态离顶点（或者底点）越近，它越有可能跳跃到那里。

举个例子，假如量子态在以下这个图片里的X点：

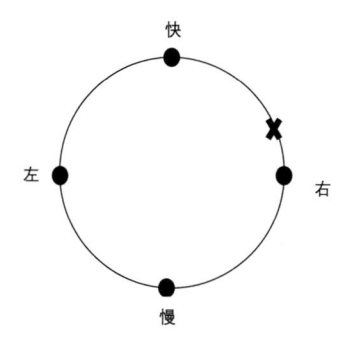

X离右边的点更加近。因此如果你要测量电子的位置，你非常可能会在右边的点发现它。X点离顶点比离底点近，那么如果你要测量电子的速度，你非常可能会发现它运行得快。[1]所

---

1 如果同时测量位置和速度呢？根本没有办法这么做。我们所知的是：如果你测量位置，量子态要么跳到左边，要么跳到右边；如果你测量速度，那量子态要么跳到顶点，要么跳到底点；即便是在怪异的量子力学领域，一个量子态也没办法同时出现在两个地方。

以你有一点测不住它的位置，而且更测不准它的速度。

现在我就能告诉你不确定性原理是什么了，它并没有那么神秘。它只是有关一个圆圈的事实，而且你可以很容易地把它解释给你8岁大的小孩：

在圆圈上，接近左边或者右边的点都是处于顶点和底点的中间。接近顶点或者底点的点都是处于左边或者右边的点的中间。

或者换句话说：

当你比较确定你的位置测量结果时，你就会对速度的测量结果相当不确定。相反亦然。

我想强调的一点是：海森堡的不确定性原理是一个简单的有关几何圆圈的事实——而且不是一个令人惊讶的事实。在更复杂的场景中，量子态不是沿着圆圈运动的，而是按照更复杂的几何图形运动的。尽管如此，海森堡的不确定性原理仍然只是关于这些对象做几何运动的最简单直接的观察结果。

那不确定性原理是否说明人类的认知能力有局限性？它并不能。不确定性原理本身就是关于几何学的一种知识，而且在有人了解到量子力学[1]的许久之前，它就很轻易地被世人理解了。

现在你理解了不确定性原理。我留了一点尚未完成讨论的内容，那就是：当你根本没有在观察它的时候，我们是怎么知道电子是不在任何地方的（至少在绝大部分时间）呢？为什么它就不能在一个我们所不知道的地方而不是完全不在任何地方呢？这个问题本身有一个小故事，我会在下一个章节单独讲。

---

1 量子力学——仅仅相对于不确定性原理而言——是否说明人类的知识有局限性？首先，量子态是完全可以知晓的，所以我们知晓当下的能力是没有局限性的。那么问题就变成了：量子力学是否说明我们对未来的预知是有局限性的？答案取决于你对于位置测量之后会发生什么的看法，一种解释是（我上文中提到的），量子态会不可预测地跳到左边或者右边。另一种解释是，宇宙在量子态跳跃时会分裂为几个同样的版本，量子态在某个宇宙中跳到左边而在另一个宇宙中跳到了右边，这都是完全可以预测的。（当然了每个宇宙都包含一个你，某个宇宙里的你会看到量子态跳到左边，而其他的你会看到跳到右边。）

十四　遗留问题——量子纠缠

那些第一次接触量子力学却没感到震惊的人不可能真正理解量子力学。

——尼尔斯·玻尔

在这章里我会讨论四个简单实验的结果，我感觉你很难相信这几个实验会产生这样的结果，但还是请相信我吧，我并没有说谎，至少没有在重要的事情上说谎（我还是会说一些微不足道的小谎言，以便更简单直接地做出解释）。

在介绍完这些实验之后，我会讲一些它们在物理学和经济学层面上所蕴含的深刻意义。在这个过程中，我还会通过解释为什么电子是不在任何地方的，来解决之前章节里遗留的一些问题。

想象有这么一台机器放置在我们两家房屋之间的空地上，每10秒钟它会投射出两个网球，并把它们抛向两个相反的方向，一个穿过你客厅的窗户，另一个穿过我客厅的窗户。

实验一：我们都各自在客厅的沙发上坐一个小时，写下穿过窗户的网球的颜色。最后大约有一半网球是红色的，一半是绿色的，没有明显的规律。举个例子，我的记录可能从"红色、红色、绿色、绿色、红色……"开始。然后，我们碰头后发现我们的记录是一模一样的。我们重复这个实验很多次，你的记录跟我的记录还是一模一样。

基于这个实验，我们可以合理认为这个机器每次都制造出两个同样颜色的网球，并且把它们发射到两个相反的方向。

实验二：和实验一一样，除了我戴上墨镜。当开始实验时，我仍然能看到一半网球是红色，一半网球是绿色，而且你也是。但当我们再次比对记录时，我们发现记录几乎是一样的，但不完全一样。大约1000次观察里面，有990次我们记录的颜色是一样的，另外10次是不一样的。我们重复这个实验很多次，发现我们的记录总有1%是不同的。

基于这个实验，我们可以合理认为我的墨镜会致使我偶尔犯错——"偶尔"意味着"大约1%的次数"。毕竟实验一已经确立了这些球总是按同一个颜色发射的，如果我们看到不一样的颜色，那肯定是有人犯了错误，那么戴墨镜明显就是错误的原因。

实验三：和实验二一样，只不过你戴上了墨镜而我没有。再一次地，我们的记录有99%是一样的，1%不一样。

现在我们就可以合理总结说你戴上墨镜跟我戴上墨镜一样犯了错误。

实验四：这次我们俩都戴上了墨镜。那你预测会发生什么？

好吧，我们来思考一下。我们要用到的前提假设有第一个实验结论，我们总是会接收到同样颜色的网球。第二，戴墨镜会导致偶然的错误。当我戴墨镜的时候大约会有1%的错误，当你戴墨镜的时候也有1%的错误，那么我们俩加起来会犯2%左右的错误。其余98%的情况下，我们会记录下同样的颜色（实际上，我们的准确率可能要比98%要好一点，因为偶然情况下我们会犯同样的错误以至于还是记录下了同样的颜色）。

你可能也是这么预测的，但实际发生的情况是完全相反的。我们的记录大概只有2%是一致的，98%是不一致的。

让我们停下来稍稍思考一下。你思考的时间越长，这个结论看起来就越奇怪。没有一个合理的原因可以解释这四个实验的结果，因为网球永远不会这样运动。而电子却是这样的。

如果有一台机器能同时制造两个电子并且把它们向相反的方向发射，这个机器实际上是一台真实存在的实验室设备，叫施特恩-格拉赫装置。电子没有颜色，但是它们有一种"自旋"的属性，它们可以"加速自旋"或者"减速自旋"。实验人员不戴墨镜，取而代之的是倾斜测量设备。除此之外，实验结果和网球实验都是同样的。

我其实已经把百分比的数量结果夸大了，来突出这个结果是有多么匪夷所思。在实际是电子的情况下（取决于设备倾斜的角度），我们得到的结果大概有25%不一致，而非1%不一致，但是在真实世界的实验里，百分比跟虚拟实验的结果是一样的，所以我跟你讲的虚拟实验结果本质上是真实的。

　　我们来试着弄清楚这些网球到底发生了什么吧。有一个可能性：这个机器在给网球上色之前发现我们戴了墨镜！如果我们两个都戴墨镜的话，它就从"把一对网球涂上同一个颜色"模式切换成"把一对网球涂上不一样的颜色"。

　　这是一个非常奇怪的理论——机器怎么可能知道我们戴上墨镜，而且它为什么关注这个因素？但至少这可以解释四个实验的结果，所以我们来用另一个实验测试一下这个理论吧：那就是我们在球发射之后才戴上墨镜，这样机器就没法根据我们是否戴墨镜来决定发射球的颜色。当我们进行新的实验后，结果跟之前的实验一模一样：没戴墨镜的时候，我们记录一致；有一个人戴墨镜的时候，我们的记录几乎一致；如果两个人都戴墨镜，我们几乎完全不一致。所以这个理论就到此为止吧。

　　好的，那我们再尝试另一个：可能网球在到达我们客厅的那一刻，看到我们戴了墨镜，于是给彼此发送了信息："嘿！我这边的家伙戴墨镜了！你的呢？如果也戴了墨镜的话，我会变成红色，你变成绿色！"这就是一个非常令人绝望的情况了，但至少它有可能解释这个问题。我们可以通过把我们的房子隔得足够远，来让这个信息发送不及时（即便是用互联网，信息的传递也快不过光速。）再一次地，这个实验结果没有变。又一个理论灰飞烟灭了。

　　尽管听起来太匪夷所思，但最不奇怪的解释就是这些网球在发射前是没有颜色的,但是当我们看向它们的时候它们就有了颜色,而且按照某种特定方式来安排颜色。尽管它们没有办法互相交流,但这些网球设法把这些设定执行出来。

阿尔伯特·爱因斯坦觉得这个解释过于离奇,于是把它命名为"幽灵般的超距作用"理论。爱因斯坦曾经不知道,但我们现在知道,任何其他的解释都会比这个解释更诡异(这其实是"贝尔定理"的内容,在爱因斯坦死后十年左右得到了证实)。爱因斯坦脑子里想的还是实验一、实验二和实验三的结果,而且很确定地认为一定还有一个更合理的解释。但是当约翰·斯图尔特·贝尔指出任何解释也同样要适用在实验四时,爱因斯坦的乐观就没法站住脚了。

在网球的小故事里,我们研究的是颜色。在真实的实验室里,我们研究的是自旋运动。但是量子力学告诉我们——而且被实验结果验证——同样的情况也适用于电子每一个可以被观察到的属性,包括它的位置和速度。电子没有自旋——没有位置——直到你开始观察它的时候才有。

相似的情况和相似的实验都告诉我们,在被你观察之前,电子没有任何其他的属性。它们确实有量子态,就像我们在前面章节里所讨论的那样,但是它们没有任何传统的属性,比如说位置。

现在我们来应用一下这个理论:假如你和我一起玩一个游戏,我们俩分别被放在一个电话亭里,隔着几英里远。我俩不允许以任何方式交流,一个裁判员通过网络摄像头分别观察我俩。我们俩要同时说出一种颜色,要么是"红色",要么是"绿色",如果我们说的颜色一致我们就赢了。

有一个很容易的方式能让我们赢:我们提前商量好一起说

"红色"。

不过现在通过加个变量的方式，来让这个游戏变得复杂一些。比如我俩都进入电话亭，通过掷硬币的方式来决定说哪个颜色。和之前一样，如果我们说出的颜色一致，我们就赢了——除非两个硬币同时掷出背面，这种情况下我们同时说出相反的颜色才算赢。

如果我们坚持一开始的策略——我们同时说"红色"——我们会赢得3/4的比赛轮次，只有在两个硬币都是背面的时候我们才会输，这种情况大概有1/4的概率。

这很不错，但我们还能做得更好吗？

在一个由经典物理学主导的世界里，我们不能。因为问题在于我们俩都没法知道什么时候两个硬币都是背面。我们也可以坚持我们的策略，并且满足于3/4的赢率。

但是如果我们碰巧拥有一台能够发射奇怪的量子网球的机器，我们还可以做得更好。首先，我们让它给我们每个人发射一个网球。然后我们把这个网球看也不看就藏进兜里，带进我们的游戏电话亭里，然后我们遵循这个策略：

如果你的硬币是正面，不要戴墨镜。如果你的硬币是反面，戴上墨镜。然后再看你的网球，并大声说出它的颜色。

如果两个硬币都是正面，这就相当于是实验一。我们都不戴墨镜，两个网球必然是同一颜色，那么我们肯定会赢。如果我的硬币是反面而你的是正面，这就是实验二。我戴上墨镜，这些网球有99%的概率都是同一颜色，而且我们有99%的概率可以赢。如果你的硬币是正面而我的是反面，这就相当于是实验三。再一次地，这两个网球有99%的概率是同样的颜色，而且我们有99%的概率会赢。如果两个硬币都是反面，这就相当于是实验四。现在我们两个都戴上墨镜,这两个球有98%的几率是不同的颜色,这正好就是如果两个硬币都是反面时赢的条件。在最坏的情况下,我们获胜的概率是98%。

我们作弊了吗?没有!规则说的是"不许交流",不管我们还是网球之间都没有交流过。不管怎么样,交流就是交换信息,在刚刚的实验中,没有任何信息交换。当我看我这边的网球时,我并不知道你戴没戴墨镜,我也不知道你看到的是哪个颜色。我知道的就是当我走进电话亭时所知道的信息——那就是我们赢得比赛的胜率很高。

那如果裁判改变了规则说"不要交流也不允许用网球"的话会发生什么?那么我们就是在作弊。但是他要怎么抓到我们作弊呢?记住在这个故事的真实世界版本里,我们讲的是电子,不是网球。人体里大概有10^{28}个电子。你肯定不能让参加游戏的人不带任何电子进入电话亭,而且根本没有办法区别出哪个是出自施特恩–格拉赫装置的电子。

(从另一个层面来看,你和我不得不找到一个方式把施特恩–格拉赫装置的电子从我们身体里的10^{28}个电子中区分出来,这可不是一个小任务。)

如果跟很多本科生一样,你偏好那些有"商业定位"的应用场景,那就想象一下你和我不是游戏节目的参赛者,而分别是美国航空公司和美国联合航空公司的总裁。我们试图给机票定价,所以我们想协调一下双方的定价策略,但是司法部门禁止我们串通定价。我们当前都各自掌握了部分市场需求情况(类似于我们每人都只能看到一次掷硬币的结果),而且我们必须按照这个市场需求情况来公布价格。这个故事不难继续下去,我们双方都想宣布同样的定价,除非我们都收到消极的市场需求信息，这样我们就会宣布不同的价格（这样我们就有一方可以垄断高价市场，另一方垄断低价市场）。

我们所得的市场需求信息就像掷硬币的结果一样——硬币的正反面，对应着需求信息的乐观和悲观。除非我们都看到了悲观信息，我们会宣布不同的价格，否则我们的目标是宣布同样的价格。我相信你能明白这个故事会如何继续。

这是一个编造的例子？当然了。那是纯粹的科幻故事吗？不完全是。今天你需要一个物理实验室去掌握量子技术，而几十年后，你唯一需要的就是一台价值500美元的量子计算机。

第四部分
对与错

十五　如何分辨对错
　　一些关于对与错、生与死的困境问题。

十六　经济学家的黄金准则
　　一个最简单便捷的行为准则。

十七　怎样做到有社会责任感——经济学家黄金准则的使用指南
　　如何在实践中应用经济学家黄金准则。

十八　别做个混蛋
　　古福斯和嘉伦特如何对待移民政策。

十九　游乐场上的经济学家
　　相对于我们在游乐场上那些思虑周全的有关公平的信念,我们在菜市场和投票亭里有关公平的信念又是如何欠缺考虑的。

二十　遗留问题:让犹太拉比分馅饼
　　古老的塔木德学者们是如何预料到现代经济学理论的。

第四部分 对与错

我们关于道德的直觉，就跟我们身上发生的所有事情一样，都是为了提升我们在特定环境下生存繁殖的适应能力而经历过生物进化的。但与我们有关吃的直觉不同，我们的道德直觉并非总能完全适应这个现代世界。正是出于这个原因——还因为生殖适应能力已经不是我们当前唯一关心的事情了——我们所保留的道德直觉的有效性是值得花时间重新检验的，甚至我们应该偶尔地越过它们，因为在今天的世界，我们跟茹毛饮血还互扔粪便的祖先们实在是大大不同了。

道德哲学试图在我们错综复杂的直觉网络里寻找一条共同的主线，并用一种条理清晰的方式来整理这些直觉，而且通过不断训练来改善我们这些直觉。道德哲学包含两种体系，有道义论哲学——只判断特定行为本身的对错，比如谋杀，是绝对意义上的错；另外有结果论哲学——只通过行为结果来判断这些行为的对错。在第十五章里，我会列举一些可以用来阐明这个区别的道德困境问题。

第十六章到十八章将阐述我称之为"经济学家的黄金准则"的一种道德哲学，我希望能说服大家这是一个在大部分情形下可用来指导行为的好原则。

在这些章节里，我会大量谈到那些我们给自己设立的行为准则，还有它们如何与我们对朋友和政府的行为要求相矛盾。

比如，你可能会有一种强烈道德冲动，给牛津饥荒救济委员会捐赠，想保持贞洁的生活方式，或者想给保守党派投票，而且你完全不强求其他人跟你想得一样。你可以拒绝忍受那些种族歧视的语言，同时又不认为所有种族歧视的语言都是违法的。所以尽管我会专注于个人行为的道德准则，但也会讨论一些我们希望邻居和政府如何行为的道德准则。

在第十九章和二十章，我会讨论公平这个话题，它跟道德有所不同，但却紧密相关。

在这过程中，我们会停下来讨论生与死的问题、伪钞经济学、基于社会责任感的职业选择，以及我们有关移民、气候控制和平权行动政策里的道德蕴意，还有《塔木德》教义中的古老神秘哲学。

十五　如何分辨对错

善比恶好，因为它让人心情愉快。

——潘西·约克姆[1]

我们应该如何分辨善恶和对错？有时这问题回答起来比较容易：比如，我们都能分辨出滥杀无辜是恶的。有时比较难或至少带有争议：比如，堕胎是否是一种恶？我们又如何看待死刑、种族歧视言论，甚至投票给共和党这样的问题呢？你可能觉得有些答案显而易见，但你身边人肯定会有不同的意见。

此时需要的就是一个针对道德的哲学观了——一个用以决定善恶对错的标准。

哲学家们想寻求一个普世道德哲学理论已经很久了，但这样的努力往往是缘木求鱼。跟人类这个物种的发展规律一样，

---

[1] 潘西·约克姆是1959年美国家庭喜剧电影《丛林小子》中的一个喜剧角色。

我们的道德本能也是生物进化过程中的偶然结果，就比如说一个由高智能猫咪组成的社会群体，肯定和我们这个由高智能猿猴组成的社会群体有一套完全不同的道德标准。基于此，我认为，试图确立一个普世道德哲学理论应该跟找到一种所有生物可以通用的消化系统是一样不可能的。

道德虽然是生物进化过程中产生的偶然结果，但我们仍然可以关注它，因为事实上我们关注的每一个事物大多数都是生物进化的偶然结果。举个例子，"绿色"，实际上就是生物进化的偶然结果。草坪上的绿色和圣诞节毛衣上的绿色其实反射的是完全不同的光线，但人类的眼睛和大脑会将之解释为同一种颜色。但如果我们的眼睛和大脑运作的方式不同，草坪的颜色可能被看作跟消防卡车一个颜色或者跟蛋黄一个颜色，这时我们会给这些颜色命名为任何一种其他颜色，除了"绿色"。

以此类推，"时间"——或者严格意义上我们用于区分时间和空间的那个概念，也是一种生物进化中产生的偶然结果。物理学家理查德·费曼曾经邀请他的学生想象一种生物，这种生物看待"宽度"和"深度"的方式与我们不同，这种生物无法理解对你我而言显而易见的事情——那就是宽度和深度不是物理上的差别，而是观察视角的差别。而当看待时间和空间时，你我就像这个生物一样，我们无法意识到时间和空间的差别，实际上就是因为观察视角的差别（时间和空间可以通过高速运动部分转换，就像我们绕着一个物体行走时，所观察到的宽度和深度也是可变换的一样）。所以时间也是人类大脑的产物。

当然了，即便颜色是生物现象，也不意味着你就无所谓把头发染成棕色或者紫色；即便时间是生物现象，也不意味你可以在约好的晚餐上姗姗来迟；即便道德是生物现象，也不意味你可以随便拿邻居当飞镖练习的靶子。

这里真正想表达的是，道德真理是无法在超越人类经验范畴的抽象领域内寻求到的，我们至多能做的是在人类所总结的经验中挑取一些道德真理并检验其是否具有普世适用的价值。从个人来讲，我倾向于寻求一些简单而又内在自洽的道德哲学，并且它能够最大限度上符合我们强大的道德本能：比如道德本能告诉我们，那种示意我们可以随意拿刀子割掉小孩子的耳朵的道德哲学肯定是不行的。

现有可选的道德哲学有两种宽泛的理论：一种是通过结果来判断行为的结果论哲学；另一种就是道义论，直接判断行为本身的是非对错。

如果这样说太抽象，我们举个实在的例子：一个看上去刚被殴打了的惶恐憔悴的女人从你身边跑过并躲进了一个小巷，两分钟过后，一个拿着斧子的男人怒气冲冲地走过来问你："她往哪边跑了？"这种情况下撒谎是对是错？极端的道义论者会认为撒谎毫无争议是错的，而结果论者却认可你为拯救一个女人的性命而撒谎。

并不是每一个道义论者都认为撒谎永远是错的，但几乎每一个道义论者都相信有些事情永远是错的。道义论于我而言最大的问题是我并不认为有任何事永远都是错的，比如说如果为了能治愈全人类的疟疾，我宁可去割掉一个小孩的耳朵。

举另一个例子吧：我们知道在大街上边走边用机关枪扫射是不对的，那原因是什么？一个道义论者可能会说在没有得到对方允许的情况下侵犯他人的身体是不对的，就像你有时会听到有人用一些简单的口号来表达这种道德原则，比如"做你想做的事情，但别触犯我"。

但把这作为一个行为准则是行不通的，从字面上看这可能导致一个死局。"别触犯我"具体怎么界定？当你打开书桌前100瓦的台灯时，台灯的光线每秒向路过你窗前的行人身上发射数十亿个光子，那你不仅触犯了人家，而且都已经触犯了人家的五脏六腑了。

当然我们都能认为开台灯是可以接受的，但大开杀戒是不可以的，那我们应该如何在这个广袤的灰色地带里划定界限？[1]

除道义论外的另一选择就是结果论：当产生的结果是善的不是恶的，那么撒谎是可以的。你让光子从其他人的身体穿过是可以的，因为这种做法不会造成什么伤害，但你让子弹从其他人的身体穿过却是不可以的，因为结果是致命的。

哲学家们通常用标准化的道德困境问题来区分道义论和结果论。以下是最近较受关注的两个例子：

有轨电车问题版本一：

一辆有轨电车在一条轨道上失去了控制，正朝被某个疯狂的哲学家绑在轨道上的五个人冲过来。你可以按下一个开关让这辆电车切换到另一条轨道来避免这场灾祸，但不幸的是，有另一个人被绑在另一条轨道上。那么按开关是道德允许的吗（或者说道德上必要的）？

有轨电车问题版本二：

一辆有轨电车在一条轨道上失去了控制，正朝被某个疯

---

[1] 你可能倾向于认为这里有一个显而易见的答案：光子，不是子弹，没人会抗拒它。但我认为这没法帮我们界定答案，因为如果是一个脾气暴躁的人路过你的窗口，他确实就是抗拒你的台灯发射的光子，但你肯定不会为了发射光子道歉并且把灯关掉。

狂的哲学家绑在轨道上的五个人冲过来。你可以把一个人推到电车前来阻止这辆电车。那么把人推到电车前是道德允许的吗？[1]

根据调查结果显示，绝大部分人会在版本一里按开关，但不愿在版本二里把人推出去。对于道义论者，这个很好解释：把人推向电车这个行为是错误的，因此你不应该这么做，哪怕是为了救人。但对于结果论者就比较麻烦，两种做法都有同样的结果：五条生命被救，一条生命损失。如果行为本身的对错是由结果所定，那么按开关和推人应该是同等的对错。

有趣的是，那些大脑前额叶皮质受损[2]的人更可能会像结果论者一样回答这个问题：他们可以既按开关又把人推到电车前。可能我也是这类人之一，因为当我第一次听到这两个问题时，我认为这两种情况下牺牲一条性命来拯救五条性命是再明显不过的道德选择了，对我来说最惊讶的是得知会有人，而且是很大一部分人，竟然不是这么认为的。

当然啦，如果我是那个被推出去挡车的人，我可能就不这么想了。在谈论道德时往往会涉及个人利益问题，而道德判断的本质就是一定要抛开个人利益。用另一种方式说，你的道德判断是基于你忘记自我和个人利益前提下的判断。当提出向富人征税并用来造福穷人是否道德这个问题时，我们都会质疑那些持反对意见的富人和表示赞成的穷人的个人动机，而真正可值得信任的只有那些想不起来他自己是富还是穷的失忆者。

---

1 当然如果你想展现你的道德高度可能会自己冲过去挡电车，那就为了更好地讨论这个问题，就假定你的身量根本挡不住电车。

2 这里喻义为纯理性思考，缺乏共情能力。

"失忆者原则"是由诺贝尔经济学奖获得者约翰·海萨尼提出的。在成为一名经济学家之前，他曾在他的出生地匈牙利取得全国数学竞赛冠军和哲学博士学位。海萨尼对类似的问题非常感兴趣：到底是让每个人每年能赚5万美金更好，还是让2/3的人口一年赚6万美金，剩下的1/3一年赚4万美金更好？当然这里的关键问题是："更好"的含义到底是什么？按海萨尼的理论："更好"的世界，按定义上来说，是你更愿意出生于此的一个世界，在这个世界里你完全不知道你是活在上层的2/3里还是活在下层的1/3里。

　　这个问题可以换一种表述：如果这个世界只有3个人（我们叫他们为曼尼、莫尔和杰克），那么是让每个人都赚5万美金更好，还是让曼尼和莫尔赚6万、让杰克赚4万更好？按海萨尼的理论，答案给出的前提是你处于失忆状态，所以你不确定自己是这3个人里的哪一个。

　　但是失忆假设是很难真的代入的，完全相信一个人在"假如你失忆了"前提下的给出的答案实在比较困难。解决方法就是忽视人们说什么，而是观察人们做什么。比如一个销售代理面临一个5万美金一年的固定薪酬工作机会，和一个有2/3机会取得6万美金、1/3机会取得4万美金浮动薪酬的工作机会，他的选择会告诉你他更中意哪种收入模式。如果你发现有足够多的销售代理在同等情况下做出同样的选择，那么你就可以以此推论哪个是"更好"的世界了。

　　以上的例子也是非常抽象的。在现实世界中，政策制定者无法从一系列收入分配方式中进行选择。取而代之地，他们不得不设计复杂的税收系统和福利项目，以此来决定收入如何分配。在1996年，英国经济学家詹姆斯·莫里斯和加拿大美籍经济学家威廉·维克瑞将海萨尼的失忆者原则应用到现实世界的政策制定问题上，获得了诺贝尔奖。

我下面会将失忆者原则应用到有轨电车问题上。在版本一中，五个人被绑在一条轨道上，同时一个人被绑在另一条轨道上。如果我能设法忘记自己是其中哪个人，那我至少明白这点：我成为这五个人中一个的可能性是我成为另一条轨道上一个人的可能性的五倍，如果你不按开关的话，我的死亡概率也增大了五倍。所以我希望你按开关。

在版本二中，五个人被绑在轨道上，然后有另一个人可能会被推到电车前。我，作为一个失忆者，也清楚我更有可能成为被绑在轨道上的五个人中的一个。如果你不推人去挡电车的话，我的死亡率也增大了五倍。所以我也希望你能推一个人去挡电车。

看上去这些考虑是完全基于个人利益的，但实际上不是。只要我不知道我是其中哪个人（并且只要我知道我成为其中任何一人的概率是一样的），那以上对自身利益的考虑就是大众的普遍考虑，那么这也就是一个基于道德的判断，这也是为什么我相信按开关和推人挡车都是道德上合理的。

听到这儿，哲学家们可能会拓宽我论述的范围，这让我感到不舒服。比如说哲学家朱迪斯·贾维斯·汤普森就提出了这样的问题：

医生困境

一位技艺高超的器官移植外科医生有五个病人，每个人都需要移植不同的器官，每个人如果没有可移植的器官都会死去。不幸的是，当前没有足够的器官来进行五台移植手术。这时一个年轻健康的旅客来到这个医生所在的城市要进行一次例行的体检，在体检过程中，医生发现这个旅客的器官与这五个垂危的病人非常匹配……

就正如前文所述，这个问题看起来很好回答，没人想活在一个医生可以随意摘取一个健康旅客器官的恐怖世界中。如果这样，大家都没必要好好照顾自己的健康了，因为健康的心脏可以作为公用资源随意取用的话，那还关注什么血压呀？其次正常的差旅也别想了，下次能不去参加美国经济学年会就不去，谁想冒着落入一个热爱研究如上哲学问题的医生手里的风险出差呢。

为了让这个问题更有趣一点，我们应该在不恫吓所有旅客和健康人士的情形下重新措辞这个例子。我的同事罗曼·潘克斯修改了这个问题的措辞：

医生困境（修订版本）

一个疯狂的哲学家找到六名旅客，然后摘除掉了五名旅客身上各一种器官。正当他打算摘除第六个旅客的器官时，他被滚滚天雷吓晕了。疯狂的哲学家退幕，浪荡不羁的外科医生登场。现在，如果没有立刻进行移植手术的话，那五名旅客会在一小时内死掉，他们唯一的器官来源就是那第六名旅客。

那么问题来了：医生应该杀掉第六个人来拯救那五个人

吗？失忆者原则看起来是认可这么干的，但你的脑前额叶皮质层可能没办法同意。这个问题几乎可以把每个人身上的道义论都引出来，我们认为未经允许的杀人就是错误的，不管结果是什么。

但从另一个角度看，取得第六个旅客的器官跟切换有轨电车的轨道开关有什么区别？这确实很难回答。那么可能就是在这个例子上，我们的道德本能是不对的，也许医生就是应该杀掉第六个人。

在大多情境下，我们相信自己的道德本能跟相信自己的眼睛一样。有时我们的眼睛会欺骗我们，每个人的眼睛都可能会被视觉幻象所欺骗。那么这里我想提出的是：汤普森教授的医生困境问题可能阐明了一种误导所有人的道德幻象，而道德哲学最重要的意义就是打破这些道德幻象。

面对这类问题，经济学家们可能比大多哲学家们的认知更进一步（或者在认知上更易接受挑战）。我最近浏览了一篇由卓越的哲学家写的论文，其中提出了这样的困境问题：

头疼病问题

地球上有十亿人此时正遭受轻度头疼病的折磨，他们会继续被折磨一个小时，除非一个无辜的人被杀掉，疼痛才会立刻消失。那杀掉这个无辜的人是不是道德的？

我其实并不太理解为什么这是个困境，对于任何一个经济学家来说答案几乎都是肯定的，但哲学家们会用40多页的论证来获得同样的答案，并声称这个答案是"违反直觉的"。

一个经济学家会这么看待这个问题：首先，基本上没有任何一个人愿意花费一美元来避免十亿分之一的死亡率（我们这么认为是基于大量有关人们是否愿意购买行车安全设备的研究结果）。第二，大部分人，至少在发达国家里——我假设这个困境发生在发达国家，会愿意付一美元来治头疼。第三，大部分人都会认为头疼比十亿分之一的死亡率要严重。所以如果我把这个头疼的问题换成十亿分之一的死亡率，这个困境问题就好答了，我可以接受随机杀掉一个头疼患者来帮忙解决十亿人的头疼问题。

　　那些认为这个结论太怪异了并且违反直觉（尽管很有说服力）的哲学家们在现实世界的经验肯定太少了，现实世界里我们认为人随机死亡很正常。不管是开车、修建游泳池、使用下水道清理机或者喝龙舌兰酒时，我们都完全清楚这些活动有可能会导致他人的随机死亡，所以有些人死去以便于另一些人可以开着车去听歌剧……那为什么有些人就不能为了给别人治愈头疼病而牺牲呢？

十六　经济学家的黄金准则

> 见人之得，如己之得。见人之失，如己之失。
>
> ——《太上感应篇》

电车轨道、疯狂的哲学家，以及需要随机杀人才能治愈的大规模头痛——我相信我们从极端假设中学习到了很多，但早晚有一天我们要把所学到的转换为日常行为的实用指导。

所有的道德准则最终都会归结到对一个主题的演绎上："不要恶劣地对待他人。"但没有人——或者几乎没有人——会认为我们应该像对待自己一样对待其他人。如果你现在拥有两个健康的肾脏过着正常的生活，这就表明你已经选择对那些成千上万能用到你多出来的那个健康肾脏的透析病人们视而不见，虽然我们中的有些人会因此隐隐觉得不安，但基本上我们都不会不安到真的去给他们捐肾。大部分情况下，我们认为照看好自己、朋友和家人就好了，可以接受陌生人遭受苦难。

但另一方面，也几乎没有人认为从陌生人那里偷东西是可接受的。这么想确实有点奇怪：为什么我们可以接受一个人死于肾病但却不能接受从他的抽屉里偷一分钱呢？

道义论的答案是偷东西本来是错的，我能理解这个答案的出发点，但我还是认为有些问题。究竟因为什么偷东西本来就是错的？是因为我们都对自己的所有物有控制权吗？如果是，那为什么我打开台灯向你的所有物（甚至是你的身体）发射光子是可以的呢？

一个稍微复杂的——而且更具结果论特色的回答是，因为偷窃具有破坏性，所以偷窃是错误的。一次手段高超的偷窃行为需要花费时间和精力，这些本来可以花费在更能产生效益的地方去。比如，如果我花费一个小时来偷窃你的单车，你我之间仍然只有一辆单车；但如果我花一个小时打造（或者赚取）一辆单车，那我们就可以有两辆了。因为把可以产生效益的资源从有益的活动中转移了，所以偷窃使我们这个世界变得更贫穷了。

让世界尽可能地富有符合结果论的目的，因此反对偷窃也符合结果论的目的。同样地，尽可能地尊重所有权、同时公平对待和尊重他人也符合结果论的目的。换句话说，在表面上采用一种道义论的姿态也可以符合结果论的目的。

有一个符合结果论的首要行为准则，这个准则抓住了我们道德本能的精髓，概略地说就是"不要让这个世界变得比你刚看到它时更糟"，从中可以推论出"不要在不产出效益的事情上花费有价值的时间和精力"。

产出效益在这可以理解得宽泛一些；如果你在产出一些有价值的东西（对任何人来说，包括你自己），那么你是有产出效益的。用一整个下午来解字谜也是有产出效益的，只要你享受了这个过程。如果你的行为所产出的效益（对任何人来说，包括你自己）超过了你的付出成本（对任何人来说，包括你自己），那么你就是有产出效益的。

我把这个简要便捷的原则称为"经济学家的黄金准则"，或者简称为"EGR"。像那些传统版本的金科玉律一样，它鼓励你像爱自己一样爱身边的人，因为成本就是成本、收益就是收益，不管是对于你来说，还是对于你身边的人或者是一个来自通布图的陌生人来说。

我希望能阐明的是经济学家们如何用金钱来衡量成本和收益，比如说开车去超市能取得的收益等同于你愿意为之付出的最大金额，而成本是我们愿意为避免出门制造碳排放而付出的最大金额。

为什么成本和收益不能用除金钱以外的其他方式衡量？请允许我稍后来解答这个问题。

如果你用"EGR"来指导你的生活，你应该不会在墙壁很薄的公寓里大声放音乐。那是因为对你而言，听音乐取得的金钱价值无法超过一夜安眠的金钱价值——或者，如果你有十个邻居，那就是十夜安眠。如果一个邻居损失了价值50美元的安眠时间，你的音乐最好至少值500美元，这意味着你真心愿意花500美元来听一会儿音乐。

即使你真心地热爱你的音乐——而且你这份热爱值500美元——你仍然无法使在此时此刻用大喇叭听音乐比用耳机听更值500美元——或者比明天早上等邻居们都上班了再听更值500美元。

你可能反驳说，未经邻居允许把他们吵醒总是不对的，那你可能还没有掌握这个例子的精髓。"EGR"允许你吵醒邻居的唯一前提是听音乐——并且是此时不戴耳机地听——对你而言是额外重要的。这是一种我们在任何情况下都可以允许的例外。通常情况下，在交通车流里面各种腾挪加塞让你看起来很讨人厌，但如果你是要送孩子去急诊或者赶去一个重要的会议，通情达理的人可能都会容忍你。"EGR"讲的就是何时可以容忍，何时不能。

我的学生有时反驳说"EGR"是一个不好的标准，因为它对富人更具优势。比如说比尔·盖茨每天的投资收入超过100万美元。如果他想把音乐声放大，他可能很愿意为此支付10万美元而且一分不少。如果他的10个邻居非常穷困，他们可能只能每人拿出10美元来阻止他，尽管音乐让他们非常不高兴。那我们是不是能推论说比尔可以让邻居们整宿不睡觉呢？有哪个疯狂的死脑筋经济学家会看到这些数字就推论说，比尔比他的邻居们更重视这件事情？

答案涉及我们用金钱衡量成本和收益的本质。这不是一个非常复杂的答案，但却是一个跟很多经济学理论一样被广泛误解的答案。让我来尽一些绵薄之力来消灭这些误解吧。

答案是这样的：没有人——哪怕一个疯狂的死脑筋经济学家——会认为金钱价值的多少代表了"重视程度"。经济学家思考的是另一回事。

经济学家思考的是：对比尔来说关掉音乐意味10万美元的损失。如果损失势必发生，那把这10万美金给邻居们是不是更合理？跟仅仅一晚的安宁相比，邻居们肯定更愿意要这些现金。

比尔完全有自由在任何时候把这笔钱给他的邻居们。但不管出于什么目的，他没选择这么做，并且我们选择不去强迫他。如果他不愿意放弃这10万美元，那凭什么他愿意放弃这值10万美元的音乐播放权来让邻居们享有只是价值100美元的睡眠？

"EGR"完全不去考虑比尔是否应该给大家钱，不管出于自愿或非自愿（假如通过税收方式），它只是考虑：如果比尔确实得损失10万美元，他应该把钱给大家，而不是把音量调低。

那么像比尔一样的富人是否应该为我们这样的中产阶级们做出牺牲？有人说不该，有人说应该。如果你认为不该，那别跟比尔要任何好处了。如果你认为应该，那直接跟他要钱好了。不管怎样，别跟他要那一晚安宁，那一个晚上对比尔来讲价值等同于那些钱，对你而言却完全不值。"EGR"用金钱价值做衡量，以便把这样疯狂的不合理性排除在外。

慈善行为既不产生效益，也不贬损效益，它只是将财富从一个人的口袋里转移到另一个人的口袋里。"EGR"原则因此也不考虑慈善捐赠多少钱是合适的，它允许我们每个人自由裁定。所以如果我们有道德义务感要去做慈善，那么"EGR"确实是一个有缺陷的道德哲学理论，但完善这个缺陷的方式是给"EGR"补充一个慈善义务条件，而不是全盘否定这个理论。

如果你坚持让比尔放弃播放音乐，你不如改变你的坚持，让比尔放弃那笔钱，所以真正让你抱怨的不是"EGR"，而是比尔是个富人这件事。

我认为从道德上讲让比尔放大音量是可以的，但法律可能不允许，因为对播放音乐这件事儿本身值10万美元这只是比尔的一面之词，他完全可能在说谎。一个禁止吵醒邻居的法律条文可能并不尽善尽美，但它大概率对社会更有益而不是更有害。

自此，我认为"EGR"作为一个道德准则是有说服力的。你可能想给它补充一个慈善义务，这就会引出一个问题：究竟你有义务做出多少慈善行为？不同的人对此有不同的回答，我也无法断定。因此我想略过这个慈善问题，不是因为它不重要，而是因为我无法论证。

"EGR"确实抓住了人们提到社会责任时真正想表达的含义。比如你既想拥有一辆汽车又想减少碳排放，你就可以接受"EGR"的精神指导：当收益较高（比如送孩子上学）时你可以开车，但不要在收益较低时开车。

我会在下一章用"EGR"来论证和回答一系列道德伦理困境。在大多数情形下，"EGR"会让你继续保留你的常识，你根本不需要用"EGR"来告诉你别偷东西。但偶尔地，它会告诉你去做一些反常识的事情，当然这有可能是因为"EGR"是一种错误的道德哲学理论，但更有可能是因为有时你的道德判断太想当然了。如果是后种情况，你值得花点时间重新思考一下。

十七　如何做到有社会责任感——经济学家黄金准则的使用指南

> 哲学一定要有实用价值，而且我们必须严肃对待其实用价值；它必须能够清空我们的陈旧思维，并捋清我们的行为逻辑。
>
> ——弗兰克·拉姆齐

给经济学家的黄金准则践行者的问答练习：

偷窃是可以的？当然不，我已经讲过原因了：你在偷窃时付出的时间和精力可以用来产生其他效益，因此偷窃让这个世界比之前更贫穷了。

造假币是可以的？当然不，因为造假币就是偷窃。造一美元的假币付出的时间和精力可以让你买一个杯子蛋糕，乘坐一站公共汽车，或者租个录影带，但你没有给这个世界的食物、交通或者娱乐带来任何资源。你吃的杯子蛋糕是由面粉和糖做的，但是本来别人也可以把他们吃掉。

深究你从谁那里偷窃也很重要。当你打印并且花掉了那张一美元的假币，你（可能很轻度地）扩大了纸币的供应量，那就抬高了小到鸟食大到车辆的所有物品的价格（哪怕就只有一点点），致使同胞兜里的货币价值降低了。如果把每个同胞的这一点点损失乘上三亿人口数，那就等同于这一美元的损失。

我知道这个是因为当一天结束时，你兜里多了一美元价值的物品，那这些物品必然来自某处，所以你造成的损失加起来必然等同于这一美元。

如果你把这同样的时间和精力花在烘焙而不是偷一个杯子蛋糕上，那这个世界就多了一个杯子蛋糕。如果你把同样的时间和精力用在清理窗户而赚取报酬，那这个世界就多了一扇干净的窗户。通过造假币，你让这个世界变得更贫穷了，那跟窃贼就没什么区别。

我应该做多少慈善捐赠才合适？这完全取决于你。如果你给慈善组织捐赠了100美元，你的成本是100美元，受捐者的收益也是100美元。"EGR"认为这不增不减，所以它会耸耸肩膀说："你想给多少就给多少"。

那你认为是不是可以完全不做慈善？我的意见并不是这样。"EGR"的目的在于阐述一种道德原则。每个人在捐赠多少合适这个问题上意见不一致，但因其不触及道德问题，所以"EGR"对此不置可否也是无可厚非的。

乱扔垃圾是可以的吗？除非你乱扔垃圾的整体收益大于其他所有人不得不看到、闻到垃圾或者绕路而行造成的损失，换句话说就是，最好别扔。

使用碳基燃料是可以的吗？是的，当且只当收益超出损失

（对你和你身边人）的时候。在一个理想的世界里，你花了一个合理的价格来购买碳排放权，就像你花一个合理的价钱来买橘子一样（"合理"意味着充分考虑了你给他们造成的损失）。在我们这个不那么理想的世界里，"EGR"让你和我要像付钱买橘子一样来控制污染。它估算你每燃烧一加仑油就造成50美分的环境污染，如果你接受这个估算，那此时你需要为了获得每一加仑油就支付三美元，那你其实得付三块五美元，以此来调整你对燃料油的需求。

那我是不是该买一辆更节油的车？比如那种油电混合动力的车？要谨慎。油电混合动力车是收政府补贴的，也就是被所有纳税人补贴的。什么时候开始，花其他人的钱意味着你有社会责任感了？

"EGR"会说：去行动吧，就像你完全知道你行为的所有成本代价是什么一样。换句话说，去买那辆混合动力的普锐斯吧，如果你愿意不算上补贴来付全款的话——因为不算补贴的话你可能要多付500美元。

开着车进纽约城是可以的吗？当你开车去纽约时，你为了碳排放而支付的社会成本再次被你给桥和隧道增添了拥堵的行为给折损了。如果因为你耽误了后面一千辆车里每人的15秒，你就已经轻易地导致价值成百上千的金额损失。那你开车去纽约真的值那么多钱吗？

你可能辩解说，即使没有我的车也要排队，如果我的出现导致其他人不进城了，那整体上我没有增加队伍的长度。

现在你可能觉得已经排队了四十五分钟再多上十五秒也不会阻止任何人排队，你可能是对的。因为你造成影响的概率可能是千分之一的，那就意味着在整个塞车队伍中的上千辆或者更多汽车中，你只能阻止一辆车排队而已。

听上去我可能在随意猜测，但实际上只要一点点经济学分析（就是那种需要一块黑板、一张图标或者几分钟认真思考的分析）就会揭示：在普遍的情况下，你的出现只会阻止一辆车进城。因此堵车问题并没有因你更坏或更好。

但是这个论述不能用在污染问题上。诚然，你的车产生的碳排放是全球问题中的一个小分母，但这个不是重点。一美元的损失就是一美元的损失，是否避免这损失是你的权力，而权力往往也带来责任。

堵车问题的不同之处在于你每次在加剧问题（加入堵车队伍）的同时，也在帮忙解决问题（通过阻止其他来排队的人）。

在我从小生活的费城，万圣节前还有10月28日的香皂夜活动、10月29日的粉笔夜活动和30日的捣乱夜活动（当我搬到纽约的时候才非常惊讶地发现这些都不是公众节日）。在香皂夜活动上，母亲会给我一块香皂，并很小心地示意我只能在人行道上画画，不能在私人宅邸范围内画画。每年我都会争论说即使我不在邻居的车前窗上用香皂画画，其他小孩肯定会的。然而每年，母亲都不理睬我这个论点，因为她认为就算别人做了不好的事情，那也是别人的行为。

如果你赞同我母亲的做法，那就避开堵在过路收费亭的长队——除非，你的出行对你格外重要（当然你已经在试图避开长队了，因为你讨厌排队。但重点是你要更多地避开，考虑的不只你个人的等待时间也要考虑所有人的等待时间）。如果你赞同9岁的我的做法，那就毫不愧疚地去排队吧。

我应该追求什么样的事业？当然是一个对社会有产出效益

的事业。总的来说，最好的方式就是你确定你做的事业是有用的，并且有人愿意为你付出相应的报酬。可能你是一名医生、一名建筑师，或者马戏团的小丑，你的酬劳都相应地反映了你对社会的贡献。

我能做个律师吗？看情况。有很多律师付出大量的精力来转移社会财富，而不是创造。比如，原告的收益恰好就是被告的损失。最好做一些能够创造财富而不只是转移财富的事情。但另一方面，诉讼阻止了很多不创造价值的行为，这也不错。但同时，法律诉讼也阻止了很多创造价值的行为，这就不好了。所以我猜这一切都最终取决于你想成为什么样的律师。

那做个马戏团小丑真的可以吗？当然了。马戏团小丑提供了娱乐，跟给人们提供像食物和衣服这些商品一样名正言顺。

那做个奥林匹克运动员怎么样？严肃考虑一下吧。你真的认为让一个野心勃勃、勤勤恳恳的23岁年轻人一辈子打排球合适吗？你溜达到超市，把停车场随处乱放的购物车推回超市都能创造更多的社会价值。

等等，难道奥林匹克运动会不是一种娱乐吗？你刚刚不是说娱乐是有社会价值的吗？两个问题的答案都是"是的"，奥林匹克运动会确实很有社会价值。

那我为什么不能参加？因为这里的问题不是奥林匹克运动会本身的价值，而是你是否能够为其增添价值。

如果你做了一面桌子，那这世界就多了一张桌子。如果你烘焙了一个杯子蛋糕，这世界就多了个杯子蛋糕。如果你成为一个马戏团小丑，那这世界上就多了次被人拿矿泉水撒裤裆的恶作剧；但如果你赢得了一次奥林匹克金奖，世界不会多一个奥林匹克冠军，因为不是你也会有其他人取得冠军。

好吧，如果我成为马戏团的一名小丑，那马戏团可能不会多一名小丑，我只不过取代了其他人，那这又有什么区别？区别在于你取代的那名小丑可以做点别的活儿。可能他会去另一个马戏团做小丑，或者他去了焊工学校。但你在百米蝶泳比赛里击败的那个游泳运动员仍将花很多年继续为百米蝶泳训练，你没促使他成为一名焊工，你只是促使他成为了一个失败者。

呃，那如果这世界上只有十个人参加奥林匹克，那这比赛就太可笑了，难道更多的运动员不会提高运动会的质量吗？是的，当只有10个人挑战奥林匹克时，你成为第11个就是做了社会贡献，但因为已经有成千上万的人在尝试了，你的贡献微乎其微。

我们不想把90%的运动员们都淘汰，但我们可以淘汰一半。如果你能让一半的奥林匹克游泳选手去开出租车，虽然比赛成绩可能要稍微差一点，而且观众的体验也会稍稍差一点，但与此同时打车会变得更容易。

对于职业选手来说也是一样的。如果在全美棒球联盟里最快投球速度是每小时94公里而不是每小时96公里（同时击球手水平也同等程度地降低），这个世界的损失会很大吗？就这个问题来说，任何比赛都是这样的——包括畅销书比赛。如果这一本书卖出100万本，那会有100万个本来可能会读另本一样好的书的读者会选择读这本书，所以虽然我会获得巨额酬劳，但我对社会做的贡献却几乎是可忽视的。

关键的区别在于，在任何时候，一个马戏团小丑只能娱乐几千人，一个医生一次只能给一个病人做手术，所以我们总是需要更多的小丑和医生，而且他们的酬劳较好地反映了我们对他们的需求。但是单是一个运动员或一个作家可以给整个世界创造娱乐活动，在这个过程中，他们能攫取大量本来可以落入他们竞争者口袋里的收入，而这个收入代表了一种财务的转移，而不是额外的社会贡献。

那去当公司的高管怎么样？大部分情况下是可以的。一个公司高管的工作是最大化利润，而且通常这么做的最好途径是创造人们认为有价值的产品和服务。不幸的是，有些高管通过游说取得补贴、关税保护和进口配额，并由此获得利润，而这些都是造成社会损失的方式。如果你是这种公司高管，我希望你感到羞愧。

你当然可以争辩说，这些公司高管只是在做他们被雇来做的工作而已，那你还不如为那些职业杀手找同样的理由。

好吧，我不应该为了进口配额去游说，但如果这些配额已经存在了，那以此获利可以吧？是的，这是被赞许的。对中国丝绸衬衫进口配额的限制，会人为地造成衬衫短缺并提高美国产的衬衫的价格。一方面你因为已存在的配额而获利，另一方面你又给市场供应衬衫，缓解了短缺，那你应该被奖赏，而且我也希望你能被奖赏。

那我是否能假设关税也可以这么看待了？只要我不去为之游说，那是不是就可以以此获利？那可不是。进口胶合板要缴纳大约40%的关税，因此也会抬高美国胶合板的价格。如果这是你卖胶合板的唯一原因，那你简直就是个吸血虫。

这不是一个显而易见的结论，至少我希望它不是，因为我至少花费了20分钟（并且在两名同事的帮助下）才弄明白。我们是这么计算的：假定一块进口胶合板售价为五美元加上两美元的税，这样美国供应商可以花七美元拿到一块胶合板。如果你生产一块胶合板的成本是六美元，你赚了一美元的利润——

但这样使得美国财政（最终算到美国所有纳税者头上）损失了两美元的收入。你的一美元利润给其他人带来两美元损失，这就不好了。

即使不去想所有细节，你的胶合板生意也明显损害了社会利益。你使用了大概六美元的资源来生产一块在加拿大可以花五美元生产出来的胶合板，这可不是好事儿。

配额和关税就跟房子着火一样具有破坏性，如果你因为配额去做生意，你是在给大火浇水；如果你因为关税才做生意，那你是在火上浇油。

那如果我在一条荒弃的步道上看到一个随身听，我能不能捡起来自己留着？当然可以。

如果我在一条荒弃的步道上看到100美元纸币，我能不能捡起来自己留着？不行。

啊？这有什么区别？

我假定在两种情况下你都找不到失主，然后如果你不留下这些东西的话，也没有人会来拿（而且可能这些东西马上就被暴雨冲走了）。

那么区别在于：如果你捡起了随身听，你获得了一个随身听，并且没人有任何损失，这对应的是社会净收益。如果你捡起来100美元，你肯定要花掉它，那么就会抬高物价，最终会让其他人承担正好100美元的损失，跟你花了一张假币一样。那么最终的计算是：你的收益大概是99.98美元（100美元减去大概价值两美分的弯腰捡东西的精力），其余人损失100美元。你两美分的精力就浪费了，这就是社会价值损失。虽然不是很大的损失，但仍然有损失。

请诚实作答，当你看到大街上有100美元的话，你真的会走开吗？当然不了，我可要捡起来。

但刚刚你可是说……我回答了两个不同的问题，首先我按照经济学家的黄金准则来回答这个问题，然后我又告诉了你我会怎么做。

所以你还是不相信经济学家的黄金准则吧？我可没这么说。经济学家的黄金准则精确地抓住了我关于社会责任的理念，我通常会想做一个有社会责任感的人，但也不是时时刻刻都想这么做。

为什么不？经济学家的黄金准则是把所有的成本和收益通盘考虑的，不去管是谁的成本和收益。它告诉我要对我自己、朋友和家人跟对一个通布图的陌生人一样好。我可不想这么做，我确实关心通布图的陌生人们，但绝不会像关心我爱的人一样。

如果你觉得无视经济学家的黄金准则没有任何问题，那它又有什么意义呢？在大部分情况下，它都是最佳的行为指引，并且在其他的情况下也接近于最佳的行为指引。有的时候我觉得可以接受让陌生人损失100美元以便让我收获99.98美元，但我也决心不能让别人损失100美元以便我就只赚25美元。

那么相对于陌生人的爱，你对自己所爱着的人的爱的程度要深多少是合适的呢？我不确定我能给你一个精确的回答，但我会在下一章里讲到这个问题。

就这个主题你已经把想说的都说完了吗？并不完全是。我们通常觉得尊重和公平地对待他人是一种道德义务，不管是不是应用经济学家的黄金准则。如果我在大街上看到一个随身听，我甚至愿意花10美元来找到失主，尽管经济学家的黄金准则告诉我不应该这么做。[1]可能因为我在某种程度上还是个道义论者——比如说,为了尊重他人的所有权而费这么大劲——但这从长久来看是有益处的。

或者可能是因为我知道自己做了正确的事能让我获得超出10美元价值的愉悦感,那这样的论证就没有任何意义了,因为整件事最开始的目的是弄清楚什么是"正确的事"。但公平原则确实也很重要,尽管我没有办法让它与经济学家的黄金准则达成合解。事实上,公平的价值是一个值得严肃思考的命题,我会在第十九章里讲到这一点。

---

1 我用价值10美元的成本来把一个已经生产出来的随身听从我这里转移给它的失主,这其实没有产生任何新的价值,所以这对社会来说是一种浪费。

十八　别做个"混蛋"

> 布道者的目的是让一类人忘了其他人也是人。
>
> ——阿尔多斯·赫胥黎

一个"混蛋"会在车流里面窜来窜去,在电影院里大声说话,往中央公园乱扔垃圾,或者拒绝给一个溺水者提供救生工具。如果你总是损人不利己,你可能就是个"混蛋"。"混蛋"行为违反经济学家的黄金准则。

要用很多维度来看这个问题。忽略马来西亚海啸受害者的苦难并不会让你成为"混蛋"。你能为海啸受害者们做的最多的可能就是捐钱,一分成本换来一分收益。如果你倾向于捐赠,那就捐吧,但经济学家的黄金准则并不指明该捐多少。

如果你父母对你的牙齿健康非常上心,你可能会记得古福斯,那个在《儿童要闻》[1]刊登的《古福斯和嘉伦特》漫画里的典型"混蛋"。这个漫画的每一集都会把古福斯的自私自利与嘉伦特的善良慷慨形成对比,通常用一句话的标题来展示。古福斯让他的朋友等他,但嘉伦特永远都是守时的;古福斯建造起边境墙,但嘉伦特说:"把那些饱受肆虐、无家可归的人送到我这儿来。"

古福斯这样的"混蛋"会把上百万毫无技能的墨西哥人送回到贫穷的绝望中去——因为他认为他们毫无价值。

古福斯回应说作为一个美国人,他自然而然地应该更多关心其他美国人而不是一群外国人。暂且同意他这个说法,那么我们有权来问:多少是更多?这里肯定有一些界限。即便是古福斯可能也不认为让美国人以猎杀墨西哥人为乐是可以的。所以我对古福斯提出的问题是:你愿意给一个外国人造成多大的伤害以便来帮助一个美国人?一个外国人的幸福等同于一个美国人幸福的3/4,1/2,还是1/4?用另一句话说,你究竟有多"混蛋"呢?[2]

我们来算个数:当我们接收了一个没有技能的墨西哥人,他的工资通常会在每小时两美元到每小时久美元之间——就当是每小时七美元的收益吧。考虑接收他的合理性,我们要在这个收益和他对美国人民造成的伤害之间权衡。

我们的计算马上就碰到问题了,因为平均来看移民们不太会伤害美国人民;基本上所有的经济学家都认为移民们可以让我们变得更富有,而不是更贫穷。每一位移民都可能是一位潜

---

1 《儿童要闻》是过去60多年里常被放置在美国牙医诊所等候区的一本读物。

2 在此我对"YouNotSneaky"那位如此表述该问题的匿名博主表示感谢。

在的交易合伙人，一个潜在的劳动力或者一个潜在的客户。移民可能会拉低薪酬，但这是把双刃剑：对和他一样的劳务人员不是好事，但对雇用者和客户来说都是好事。

短期来看，雇用者获得了绝大多数的收益，而且可能其中的相当一部分由沃尔顿家族[1]获得。但长远来看，这些额外的利润会被竞争消释掉并且体现在更低价格的消费品上。在这个阶段，即便是那些降低了薪酬的劳务人员也获利：如果物价跌了20%而工资只跌了10%，那么他们就获利了。

但是我们先忽略这个，为了找出一个反移民的最好的例子，我们先忽略接收移民的所有好处，先专注在对美国本土劳动者的损失上，例如，薪酬降低。

因为我们讨论的只是一个移民，所以薪酬降低幅度是极小的——但你要把这极小的部分乘以上百万的美国本土劳动者数量。一个较高的预测是有一亿美国人的薪酬每人每小时降低了0.0000003美元。把这个乘上人口数那么每小时就是3美元的损失。[2]这个估算来自劳动经济学文献，而且只在短期内适用，因为长远来看，降低的薪酬会吸引新业务，因此会导致薪酬又重新回到之前的水平。但我们也先忽略这些，假定最坏的情况下，短期的影响不会被改善。

重点是：当一个移民入境时，1亿美国人整整损失了3美元（按每小时的劳动价值），并且这个移民获得了7美元（按每小时的劳动价值）。如果要反驳这个说法，你得认为一个移民的价值少于一个美国本土人价值的3/7。

1　沃尔玛超市的所有者。
2　给各位经济学爱好者们提个醒：这里用的是每小时10美元的假设并且假定工资弹性比率为0.3。

古福斯严重偏离了经济学家的黄金准则，如果不管损益方是谁的话，七美元的收益总好过三美元的损失。当然不仅古福斯会偏心，你我也同样会。我们更关心我们自己、朋友和身边人甚于陌生人。但古福斯的偏心可能跟你我还不一样，他关心美国境内圣安东尼奥市的陌生人多于墨西哥华雷斯市的陌生人。如果这样就有点让人反感了，因为听起来他像更关心和他同肤色的陌生人。

另外，古福斯关心美国境内圣安东尼奥市的陌生人的程度超出了对墨西哥华雷斯市的陌生人的关心程度的两倍多（因为3/7要小于1/2），这可是一个让人不舒服的比例。

事实上，如果你要偏离经济学家的黄金准则，大部分人会认为应该要往反方向背离才对，把那些贫苦人的需求看得更重一点。在这种情况下，我们要在每小时赚两美元的移民获得七美元收益和每小时赚10美元的美国人承受三美元损失之间进行衡量。

当经济学家思考收入分配问题时，有很多标准的假设可以把给穷人一美元的价值与给富人一美元的价值之间做比较。其中最保守的一种假设是——跟我想在此达成的结论有点偏离——多出的一美元与整体收入成反比，所以多出一美元的价值对一个每小时赚两美元的墨西哥人来说是一个每小时赚10美元的美国人的五倍。但这个墨西哥移民多赚的第二个美元的价值就会少一点，以此类推。

那么最后的结论是一个移民七美元的收益所内含的价值是所有美国人三美元损失的五倍。基于这样的计算，如果你想拒绝这个移民入境，你必须要证明这条生命连一个美国公民生命的1/5都不值，用另一种方式说，你得充当一个超级"混蛋"。

说到这儿古福斯可能会说即便是嘉伦特也不会允许世界上最可怜的穷人在他的客厅里打地铺，那这样嘉伦特可能也是个"混蛋"。但是古福斯如果这么说就完全误解了这些论述的重点。我们来拆解一下这个问题：

首先，经济学家的黄金准则并不要求嘉伦特开放他的客厅。实际上准则告诉他的是不要这么做。如果嘉伦特想要帮助穷人，给他们钱更有效。想给多少是他的自由。[1]

其次，虽然给钱比开放客厅更有效，但放开边境比给钱更有效。因为如果你给一个墨西哥人三美元，他获得三美元。但如果你为了一个开放边境的政策牺牲三美元，同一个墨西哥人会赚七美元。这也是为什么古福斯的边境墙主张比嘉伦特不愿意给钱更可恶。[2]

那么古福斯就没办法掩饰自己宁可看到一个相对有钱的美国人手头留下三美元也不愿意看到一个极度贫苦的墨西哥人赚七美元的观念了。这观念确实有点"混蛋"。

再说一次，我并不认为古福斯从经济学家的黄金准则偏离一点是错的，但他偏离得太过了而且方式实在让人反感。我们

---

[1] 来填补一下这里的空白知识点：何塞，作为一个穷人，更愿意多赚点钱而不是在嘉伦特的客厅里打个地铺；嘉伦特，作为一个更富有的人，宁可享受隐私而牺牲掉一点点钱。用另一句话说，嘉伦特更重视自己的隐私权，而不是何赛在客厅里打地铺；因此根据经济学家的黄金准则，嘉伦特应该保留隐私权。同时经济学家得黄金准则认可嘉伦特捐钱会比开放客厅贡献更多的社会价值。这也是我喜欢经济学家得黄金准则的一点。

[2] 有人也可以说嘉伦特拒绝开放客厅，是行使他的所有权，而古福斯否决了美国房东们招收像何塞这样的租客的生意机会，是侵犯了他们的所有权（更别提其他美国人想雇用何塞或者卖东西给他的权利了）。我在主文中没有提这些论点是因为我想证明古福斯即便无视了这些美国人民的利益，他也是不对的。在这个脚注里的这些观点，正相反地，阐明了即便不去想何塞的个人利益，古福斯的观点也是错误的。

确实关心一些人多于另一些人。通常我们关心我们所爱的人多于陌生人，而且某种程度上我们同情穷人多于富人；我更倾向帮助自己的女儿而不是你的，而且我更愿意帮助一个饥饿的孟加拉人而不是微软公司的副总裁。但古福斯既不关心他爱的人也不关心穷人，他更偏好于关心那些相对富裕的美国陌生人而不是相对贫穷的墨西哥人。不仅如此，他偏好的比率高于7:3，这个比率已经很高了，如果是7:6，我都略微能接受一点。

古福斯还可以做出一个辩解，他拿算数说事儿："你没考虑到福利问题！如果那些非法移民不来务工，而是来占福利系统的便宜呢？"

如果现实中没有那么多古福斯们试着通过起诉雇主的方式来把非法移民解雇掉的话，我可能更能理解这个论点。如果你不满的是那些非法占用我们福利系统资源的行径，那为什么非要毁掉那些认真工作的人的机会？

古福斯们在仇外大潮下大摇大摆地进了参议院，而嘉伦特们悲伤地摇了摇头。

聊过了那些空间上距离遥远的陌生人们，我们再聊聊那些时间上距离遥远的陌生人们——换句话说，我们来聊聊我们对子孙后代的义务是什么。我们知道我们消耗得越多，我们的后代能继承得就越少；我们燃烧的碳化物越多，我们后代的世界的温度会越高。那我们的义务究竟是什么？

经济学家的黄金准则告诉我们：把你子孙后代的利益看成跟你自己的利益一样。不幸的是，这会造成一个死局。花一美元买一块好时巧克力行不行？抱歉，这一美元存在银行里可以给你的小孩赚几美分的利息，然后再给你小孩的小孩赚几美分的利息，然后再给你小孩的小孩的小孩赚几美分利息……这样一直下去直到世界毁灭。你对巧克力的渴望,不管多大,都比不过未来无限的孳息收益。

如果在跨世代问题上应用经济学家的黄金准则,[1]你就永远没机会买一块巧克力了。别的事儿也别想做了,除了为增加你给后代的遗产干活干到死。不管你是不是一个偷窥邻居的大楼保洁员——不管你多想退休——你的渴求都被给未来后代留下无限孳息收益的意义给超越了。

我们折现越少,为子孙留下的储蓄越多,你也会越来越在意全球变暖。如果你的折现系数很低,你会想多储蓄一点(最好的方式是去除资本利得税和缩减社保金额)并且阻止碳排放(最好的方式是征收碳税)。如果折现系数很高的话,你可能更想(并且鼓励其他人)活得任性一点,随心所欲地消费并且燃烧更多的化学燃料。

采用一个较高的折现系数的好处是后代们可能会不可估量地富有。如果你期待经济增长率一直是我们这个时代的人所习惯的2.3%的年化率,那400年后,一个普通美国人每天都会有100万美元的收入——而且货币价值跟今天等同(通货膨胀调整后)。那我们还要为了未来那些亿万富翁们牺牲那么多生活质量吗?

我们还要进一步考虑到后代们可能都没法生存下来。如果你认为两百年后地球会被一颗小行星毁灭,那担心300年后的气

---

[1] 你可以合理地提出疑问:如果我们不能在跨世代问题上应用经济学家的黄金准则,那这个准则是否有效?我也可以合理地回答这个问题:回忆一下我们当时是如何证实经济学家的黄金准则的(在讨论比尔·盖茨和他放音乐问题的时候)。无论何时我们违反了经济学家的黄金准则,我们就会错失使大家都过得更好的机会,而这一点我们只需要将收入在不同人群中转移一下就可以做到。但这个论述无法跨世代地应用,因为财富收入也没法从未来转移到现在。

候变暖也没什么意义了。如果你认为地球只是有可能会被一颗小行星毁灭，那稍微担心一点气候变化也算合理。

经济学家们统一认为以上都是一些很想要折现的理由，不管这些理由是什么，所有的世代都要被公平地看待；你和我应该同等看待一个一千年以后出生的陌生人和一个活在现在的陌生人。但经济学家们有时也是错的。我们很少觉得有义务要大量繁衍子孙，这意味着我们觉得不给子孙后代们一个出生的机会是没有问题的。如果不让他们出生都没问题，为什么不给他们留一个宜人的气候就有问题呢？

我把这个论点说得再明白点：

第一步：你的子孙宁可出生时一无所有，也不想根本没机会出生。作为一个合格的结果论者，我以此推断没留遗产也比没子孙要好。

第二步：我觉得不生孩子也可以。（所以不可能有子孙！）

结论：不留遗产好过没有子孙，没有子孙是可以的，那么不留遗产也是可以的。

那么随意挥霍你给后代的遗产吧——包括空气和水的质量。换句话说，随意地破坏地球吧（只是别在我生活的区域里）！

当然这并不意味着你应该刻意去破坏地球。可能你很关爱你的子孙。当然，我也应该表现得很关爱他们——不是因为我有义务这样对我们尚未出生的子孙后代们，而是因为我对活在当下的你们有义务这样做。只有"混蛋"才不这么想。

十九 游乐场上的经济学家[1]

> 我所需知道的所有东西都是在幼儿园学的。
>
> ——罗伯特·福尔格姆

  公平,就跟道德一样,是我们没办法不去关注的,所以花时间去认真思考公平的真正意蕴是什么是值得的。

  每当一个孩子哭闹"这不公平"时,家长们都要被迫面对一个经济学意义上的公平问题。孩子们总是找我们来指导,例如在游戏中途改变规则是不是可以,或者有一个孩子把公共游乐场上沙盒的1/4据为己有时该怎么办。教育孩子要恪守公平是我们作为父母的一部分的日常职责,每个家长都是游乐场上判断是非对错的专家。

  这种专长尽管没办法用于在菜市场里买菜或在投票亭里投

---

[1] 本章里的部分内容从《反套路经济学:那些危言耸听的悖论》里摘取。

票,但你的孩子们向你寻求指导,就像国会议员们向你索求投票是一样的。所以很合理的是,把孩子们的要求跟国会议员们的要求对比来看,你会思考得更认真和清晰。

我坚信成为所有情境下判断公平正义的专家的最好方式,就是密切关注你已知的有关游戏场上公平的东西。在这种指导精神下,我列了一些对每个家长来说都显而易见的公平原则,以及它们在成人世界里的寓意。

1.不要拿不属于你的东西。

每当一个政客提出一个更激进的税收方案时,我们听到的都是各种关于富人获得太多,而穷人得到太少的言论,以及如何让财富分配得更均匀等。对我来说,这个措辞最有趣的地方就是没人会相信它。我对此非常肯定,因为这么多年来我带女儿去游乐场玩,我从没听一个家长说如果有其他孩子比你带了更多的玩具,从他那分走一些是没问题的。我也没听过一个家长说如果有些孩子比其他孩子的玩具多,这些孩子可以组成一个政府然后通过投票把他们的一些玩具分走。

我们当然是鼓励分享的,而且我们试图让孩子们为他们的自私行为感到羞愧。但同时,我们也告诉他们就算其他孩子们想自私自利,你也必须接受他们这样做而不是强行分走他们的玩具。你可以用诱导、谈判或者排斥等方式对待他们,但你就是不能偷窃。这世上也没有任何合法的政府可以替你行使偷窃的权力。

这听上去简单,但在成人的世界里就显得很复杂。成人面对的不是游乐场上的问题。我们不得不缴税以便让政府提供服务,这合法地赋予了我们权利来讨论政府应该因为什么而花费多少钱。那富人是不是在国家安全上比穷人贡献了更多？可能是。多了多少？我不知道。

但如果单纯为了收入再分配而征税，那就基本等同于那些我们一直在游乐场上唾弃的行为了。如果我们不能接受孩子们这么干，那我也不知道为什么我们能接受国会议员们这么干。让富人承担更多的税收，或许理由充分，也可能毫无道理可言（我会在第二十一章提到一点这个问题），但公平并不能成为这一行为的理由之一。

2．接受你自己选择的结果。

我曾经带两个孩子出去吃晚餐，给了每个孩子一个选择：现在吃冰激凌，或者晚点吃口香糖。阿里克斯选择冰激凌，而卡雷尔选择口香糖。

当阿里克斯吃完她的冰激凌后，我们去给卡雷尔买口香糖。卡雷尔买了口香糖，阿里克斯什么都没买，阿里克斯开始号哭。对任何置身事外的成年人来说，很明显阿里克斯没有什么理由哭，因为她跟卡雷尔有一样的选择权而且获得了她应得的。

成人生活里有同样的问题。皮特和保罗在人生早期面临同样的机会：皮特选择为了固定薪酬每周工作40小时；保罗日以继夜地工作创建了一个回报不确定的新公司。30年后，当皮特变得贫穷而保罗变得富有后，皮特开始号哭并且攻击是社会制度造成了不公平的结果。

我不是想说保罗的选择比皮特的更值得赞赏，就像我想说的不是口香糖比冰激凌口味更好一样。我想说的是皮特抱怨他的选择结果的逻辑。一个好的测试方式就是问问为什么一个成年人要严肃对待一个类似一年级小学生水准的争论。皮特没有通过这个测试。

3．不要心存妒忌。

如果你给一群孩子们分蛋糕，你肯定听过类似这样的抗诉"这不公平！我的这块太小了！"如果当时你是有耐心的，你可能试着解释说如果一个小孩不去在意别人盘子里蛋糕的大小，而享受当下手里那块蛋糕的话，那这个孩子可比那些总想着跟人比较的孩子们活得更开心。因为我们想让孩子们活得更开心，我们告诉他们如果有人给了你一块蛋糕你可以享用，这时如果另一个孩子有更多的蛋糕，你要时时想起的是这世界上有很多孩子甚至连蛋糕都吃不上。那么下次当不称职的同事比你先升职的话你也可以这么想。

4．负负不得正。

如果你生活在一个普通的美国家庭，美国公共广播公司每年从你口袋里拿走五美元来资助像美国全国公共广播这样的节目。全国公共广播的那些支持者们，也全都是成年人，他们想通过指出其他更大的问题来掩盖这个小小的掠夺：比如，他们指出政府在企业福利上花费了比这些资助多了两百倍的经费。这些支持者们可能在那些没孩子的人群里才会有说服力，因为哪有家长会接受"当然，我偷了饼干，但我知道有其他孩子还偷自行车呢"这样的理由呢？

5．别在不需要你的地方乱插手。

两百多年前，亚当·斯密建立了致力于研究人类社会关于货物交易、易货贸易和以物易物的经济学理论。在人们成长到8岁左右，这种经济倾向就能在学校操场的小市场上通过交易贴纸、玩具卡片和瓶盖显现出来了。

如果有个孩子——叫她露西安吧——想和她的同学利兹做个交易，但发现利兹更愿意和另一个三年级的艾米丽交易。尽管她很失望，我们还是希望露西安能意识到她没办法强迫利兹进行交易——更重要的是，哪怕她试图去强迫交易的这个行为都是错误的。只有极度被惯坏了的孩子才会想着让老师介入并且阻止利兹和其他的孩子交易。

奉行贸易保护主义的政客们就把美国国会看作一个国家的小学老师，他们在学校操场上维护秩序，并通过让所有孩子都按照老师最喜欢的小跟班们——比如说那些特殊行业——的想法来玩，以确保一个"公平的游乐场"。如此的话任何一个8岁小孩都会告诉你：那场景可太差劲儿了。

6．勇敢面对霸凌。

普林斯顿大学教授艾伦·布林德在2009年预估有3000万到4000万美国公民的职位会被收入要求更低的外国移民取代。换句话说，所有美国公民都面临4000万左右就业者所产出的产品或服务的价格降低的情景。这还不错，尽管这数字如果是6000万到8000万会更好。

所有的经济学家，包括艾伦·布林德教授，都知道当美国就业机会开始外包后，美国人民整体上会受益——我们因付低薪而失去的部分已经完全被我们通过低物价而取得的部分给抵消了。换句话说，赢家所得完全可以补偿输家所失。那这意味着赢家该对输家进行补偿吗？这是否形成一种道德义务，比如说，纳税者们要来补贴就业再培训项目吗？

我们可以从在贸易市场中本质上不会有任何一个净损失者这个出发点来讨论，这个观察结果归功于乔治梅森大学教授唐·布德罗的研究成果。我怀疑地球上根本没有一个人还没从跟他身边人的自由交易中获益。想象一下你的生活会是什么样子吧：如果你不得不自己种植食物、自己缝制衣物并且依靠祖母的传家秘方来治病。虽然让医生看病会减少我们对祖母家传秘方的需求而让她失望，但是——尤其是在她的这个年纪——她肯定特别感恩能有医生给她看病。

如果你丢掉工作并把这怪在从你出生起就把你带到当前的高生活水准的自由贸易上，这就有点太愚蠢了。如果这世界需要对你补偿，因为它让你不得不忍受自由贸易带来的所有不利，那你享受它给你带来的好处时，你又怎么回报这个世界的？

但我们暂且把这个观察结果放在一边，假设某种程度上我们可以把一项新的贸易机会或自由贸易协定的效果在道德层面上独立地看，那确实会有一些公民们被这项贸易协定所伤害，至少在某种意义上他们会在另一个贸易繁荣但没有这项自由贸易协定的世界里活得更好。那我们亏欠给这些人的是什么？

一种思考方式就是问问你的道德本能在类似的情境下会说什么。假如，当你在本地药店买了很多年的洗发水后，你发现在网络上买更便宜。你是否有义务来补偿你的药剂师？如果你要搬到一个更便宜的公寓里，你要补偿你现在的房东吗？当你选择只吃麦当劳的时候，你要不要补偿一下隔壁饭店的老板？

可能会有某种神秘晦涩的道德哲学对以上问题都予以肯定回答，但我觉得这种哲学理论会让大多数人都难以接受。公众政策可不是用来推行那些我们大多数人都难以接受的道德理论的。

在道德理论里，通过自由市场替换劳动者跟替换药剂师和房东有任何区别？你可能争论说药剂师和房东面临的一直都是险恶的市场竞争并且清楚他们的处境，然而数十年的关税和配额政策让那些制造业工人们已经有了政策保护的预期了，这些预期引导他们掌握了特定的工作技能，那现在告诉他们这预期落空是不公平的。

那我们再来使用一下我们日常生活中类似情境下的道德本能吧。过去几十年里，在学校操场上进行的霸凌行为算是一个收益不错的职业吧？如果现在所有美国的霸凌者们都掌握了一整套霸凌技能，那我们现在严明操场纪律，让霸凌行为无利可图，我们有必要补偿霸凌者吗？

霸凌和贸易保护主义有很多相似的地方，他们都是通过强迫（不管是通过武力还是法律）来使某些人获利却让另一些人非自愿地承受损失。如果你被迫从一个时薪20美元的美国人那里买东西，而不是从一个时薪五美元的墨西哥人那里买东西，你就是被剥削了。当一个自由贸易协定允许你最终可以从一个墨西哥人手里买东西时，那就享受你的自由吧。如果你还想着去补偿之前的剥削者们，那就是跟得了斯德哥尔摩综合征一样。

7．容忍别人的偏狭。

每个孩子都体验过被集体孤立，而且每个孩子最终都会理解这是我们为了自由要付出的代价。不是每个朋友的生日聚会都会邀请你，哪怕有些是因为纯粹的恶意，你有权利感到受伤，但你没有权利硬闯到聚会上。

成年人总是能同时了解和无视这个原则。举一个模式化的例子：玛丽有一个空闲的公寓，乔想找个地方住。如果乔不认同玛丽的种族、宗教或生活方式——哪怕是那些纯恶意的原因——他有找别的地方住的自由。但如果玛丽因为不认同乔的种族、宗教或生活方式而不租给他，那法律会要求她忍下这些不满而把公寓租给乔。

又或者：博尔特想要雇一个办公室经理，正巧厄尔尼想要应聘为办公室经理。法律允许厄尔尼以任何理由拒绝任何工作机会，如果他不喜欢阿尔巴尼亚人，他可以不用为之工作。但法律对博尔特的要求更高：如果他让大家知道只要是阿尔巴尼亚人就不允许申请这份工作，那他最好请个律师。

这些不对等情形恰恰针对的是我们最基本的公平要求——人们应该被平等对待——在某种意义上他们的这些权利和义务不应该被不相关的外部因素所改变。玛丽和乔——或者博尔特和厄尔尼——都是一项商业交易中的两方，那为什么他们在反歧视法律下要承担不对等的义务呢？

反驳这个伪善情形有两个理由。一个是原则上的：承担不对等的义务是不公平的。第二个则实用一点：一个限制了你邻居行事自由的制度体系明天可能就会限制到你身上了。今天法律告诉玛丽该如何选租客，明天它就会告诉乔该如何选公寓。今天法律告诉博尔特怎么选办公室经理，明天它就可以告诉厄尔尼该怎样选工作。如果厄尔尼拒绝了一个阿尔巴尼亚老板提供的工作，那他就不应该证明他的拒绝不是基于对老板国籍的歧视吗？

而且为什么不继续扩大范围？如果平权原则要在未来无限

应用下去，那这些原则就应该无孔不入地应用在租房市场、务工市场以及婚姻市场。在这样一个超现实的未来世界里，你在选择爱人的时候考虑种族问题就是不合法的，司法部门的统计学专家们要严格审查你的恋爱对象的类型，以确保你所选择的恋爱群体是公平合理地进行抽样过的。当你最终确定要结婚时，你必须证明你选择的配偶客观上比其他任何别的申请人都更加匹配。而且一旦这个审查体系确立，它就可以像应用到种族上一样扩展到性别领域（作为一种平权行为）：玛丽会被送入法庭，因为她跟一个男人结了婚，而不是一个更匹配的女人。

如果这种境况听起来不合理，那记住这种平权行为就像不久前的平权行动一样不合理。如果这听起来简直就是噩梦，那么请记住对于玛丽和博尔特来说这已经是一个变成现实的噩梦了。

平权行为被认为对白人男性应聘者不公平，对那些明明无辜却被提前假定有歧视行为的企业主们也不公平，甚至对它本身想帮助的人们也不公平。虽然这里边可能只有部分是对的，但都和我在此想提出的问题无关。我想提出的问题是平权行为对所有偏狭的人是不公平的，因为就算是偏狭的人都有权被公平对待，哪怕那些是纯恶意使然不让你参加生日聚会的孩子，都有权不去邀请你。

你我都无法认同偏狭行为，然而宽容忍耐的私德原则和支持多元化的公德原则都要求我们容忍那些我们无法认同的事物。容忍偏狭行为的理念听起来有点自相矛盾，但很多好的理念都是这样的——比如说支持那些主张新闻审查的言论自由。事实上，言论自由跟容忍偏狭这两个原则有很多相似之处，比如说：只是主张它们没有任何意义，除非它们能被平等地应用到那些让我们真心赞同的事情和让我们感到极度冒犯的事情上。

8．不要惩罚无辜。

无种族差别和平权行动被很多人维护的重要原因之一是将其作为对历史遗留的奴隶制问题进行的公平性补偿。不幸的是，这些项目的成本绝大部分是由那些奴隶制废弃很多年后才来到美国的白人种族承担的。种族优先权并不是清除奴隶制遗留问题的方式，他们仅仅是把这些影响从一个无辜群体转移到另一个无辜群体身上。

当我跟一整屋子杜克大学的本科生们提出这个观点时，有一名学生很有见地地指出对美国黑人的压迫并没有跟着奴隶制一起结束。他认为即使是一个在20世纪初来到美国的移民家庭，也可能从随后几十年的种族隔离政策和《吉姆克劳法》那里获益（以美国黑人的利益为代价）。

但是《吉姆克劳法》阻止的是种族之间的交易行为，而且经济学家们都知道阻止交易对两个种族群体是有伤害性的。那些无法给黑人顾客提供服务，光顾黑人的生意，雇用黑人，或者替黑人工作的白人们，都是《吉姆克劳法》的受害者，他们就像那些黑人们一样。

不这么说的肯定不是好的经济学，而且还有点种族歧视。《吉姆克劳法》阻止了黑人和白人交易，同时也阻止了白人跟黑人交易。谁会认为被剥夺和白人交易的权利是一种压迫，但被剥夺跟黑人交易的权利就没什么大不了的?

当然了，《吉姆克劳法》是白人选区颁布的，所以有人会倾向于断定这应该对白人是有好处的，但这逻辑可能得基于一种跟所有人类经验相悖的民主理论。比如说那些制糖补贴、烟草补贴和石油补贴都是由美国选民们颁布施行的，然而没有一个精神正常的人认为其中任何一个项目是对全美国人都有益的。与之相反，它们只是对一些特殊利益群体有利，而其他人通过政策打压手段被剥削了。

确实，《吉姆克劳法》不仅阻止交易，它更多地包含了大大小小的污蔑行为，不管是饮水器使用的隔离制度，还是不平等的公立学校入学隔离制度。因此，它对黑人施加的负担毫无疑问地远高于对白人施加的负担。但这也远远谈不上白人就是它的受益者，还要因此感恩自己能享受《吉姆克劳法》赋予的特权。

其实这里蕴含的是一个政治争议，但如果我们应用游乐场原则就可以轻松地解决，那就是：如果约翰尼在游乐场上偷拿了玛丽的沙子桶，没有人会要求无辜的鲍比去补偿她。

9．不要对他人要求太多。

如果菜市场里的生菜太贵了，购物者会咒骂菜市场的老板，但他们不会咒骂那些根本不会卖他们生菜的朋友和邻居。我们也不会看到这些咒骂者决心要自己开个菜市场并且愿意卖得更便宜点。所以菜市场的老板是被那些自己一步都不愿意迈的人要求跑一公里。

同样地，如果劳动者们控诉那些付低薪的老板，却不控诉那些根本不付他们薪水的人，这不仅在道德上毫无意义，也是一种经济破坏。能雇用任何人的雇主——哪怕是付低薪——给劳务市场提供了工作，同时还迫使其他雇主们争相雇用那些剩余的劳动力——这就间接推动了工资上涨而不是下跌。如果你想找一个高薪工作，那么一个付低薪的雇主是解决问题的一部分，而不是问题本身。

回头再看看那个不想把房屋租给不喜欢的人的房东玛丽，可能你也是这种人之一。不管怎样，当玛丽盖了一座公寓大楼却不租给你，她还是对你有益的，因为通过招租，她让市场上的其他公寓空了出来，因此降低了住房市场的压力。把这个跟我可能对你的贡献相比，我没有计划要进入房地产市场。跟玛丽相比我更没可能租给你公寓；我甚至都不可能收购任何能租给你的房产。但根据法律，玛丽没租房给你对你个人实施了伤害，而我却完全无辜，这听上去实在有点疯狂。

憎恨菜市场老板、雇主或者房东，却轻易放过这世界上没有提供给你便宜生菜或者工作机会的人，虽然没有什么害处，但至少有那么一点点道德上的自相矛盾。但同样混乱的道德原则如果应用在其他领域，可就不总是那么无害了。比如每隔6个月左右，你会看到一些新闻，抨击一些无良的商人在那些因自然灾害导致日常生活品供给紧缺的地区里，把水卖到了七美元一加仑，或者把一些紧要的物资价格抬得奇高。这个时候新闻主播们和政客们总是显得无比义愤填膺，但我却没看到他们给这些地区运过去任何水，哪怕是七美元一加仑的水。如果这些无良商人有道德义务把水卖得比七美元一加仑便宜，那这些新闻主播和政客们为什么没义务卖水？

同样地，小企业主们被要求雇用残疾人。如果这是基于一种道德义务——假如说雇用残疾人是一种道德义务——那其他人也应该创办小企业以雇用残疾人。毕竟只要是现存的道德义务，就应该是普遍适用的，也就是说它们要么适用于所有人，要么谁也不适用。

　　偶尔有一个游乐场上的孩子决心清扫一点垃圾，我们知道后通常不会进而要求这孩子把整个游乐场都打扫一遍。不管是卖高价生菜的菜市场老板，还是不把公寓租给你的房东，又或是那个不想直接雇你但雇了其他人却仍改善了你的职业前景的老板，他们全都是对你稍有益处的人，就像那个只是捡起了地上乱扔的几张糖纸的孩子一样。期望他们能再多做点好事是可以的，但直接要求他们这样做就显得无理取闹了。

二十 遗留问题——让犹太拉比分馅饼

> 这属于犹太人的习惯。如果你有点时间，我可以给你解释。
>
> ——南希·勒波维茨

关于公平问题，家长们可能是世界上的最伟大的专家们了，但这世界上还有其他的专家。有个称为"公理化议价理论"的经济学派，当他们考虑何为公平时，他们会写下一些简单的公理（类似于"每个人都要被平等对待"）然后试图证明一些可以让这些公理同时成立的公式。当你同时写下一些看起来互不矛盾但实际上可能没法共存的公理时，你确实得仔细思考哪些公理是必要的，而哪些是你愿意舍弃的。

编撰于公元前5世纪的《巴比伦塔木德法典》里，大约有90卷是讲犹太法律的，同时它也用了一种非常不同的视角阐述了一些有关公平的问题。所以有点古怪的是，《塔木德》的编撰者们早在一千五百多年前就预料到了这些问题。

经济学家和《塔木德》的编撰者们都钟爱使用以下这种模式化的道德困境问题：假如一个人死后留下的债务多于资产，那他的财产将如何在他的债权人之间分配？《塔木德》里的圣人们用一种高深莫测的方式来解答了这个问题——他们列出了一系列带着具体数字的例子，但从中看不出丝毫普遍的规则。

具体点说，假如有三个债权人分别主张100美元、200美元和300美元的债权——共600美元——但当前可分配财产不到600美元，那要怎么分配？在《塔木德》里，给出了如下解决方法：

1. 如果有100美元财产可以分配，那么每个人可以平均分配；也就是说每人取得33.33美元。

2. 如果有200美元财产可以分配，那么第一个债权人取得50美元，其余两人各取得75美元。

3. 如果有300美元财产可以分配，那第一个债权人取得50美元，第二个取得100美元，第三个取得150美元——按原有的债权比例进行分配。

这些数字怎么来的，而且如果可分配财产是400美元或500美元要怎么办呢？《塔木德》没有告诉我们这些，但这里面很明显应该有某种规则可寻。

很显然犹太拉比们的推算逻辑是：没有人可以合法地取得比以上可分配财产更多的财产，因此当可分配财产只有100美元的时候，不管是100美元、200美元还是300美元的债权主张都应被平等对待。而当可分配财产有200美元的时候，那200美元和300美元的债权主张应被看成是平等的（但比100美元的债权主张要优先一点)。

我们可以在《塔木德》里找到另一个线索:"两个人拿着同一件衣物;其中一个人要求拥要一整件,另一个人要半件。那第一个人可以取得3/4,另一个人可以取得1/4。"这个犹太拉比式的推理看起来是这么来的:"两方都有权利主张半件衣服,而其中一方要另一半衣服,那么我们就把那半件有争议的衣服平均分配,并把那半件没有争议的给那个权利主张者。"在《塔木德》的其他章节里,拉比们把同样的规则用来解决另一个案例,这个案例里一个人主张全部,而另一个人只主张1/3。

现在我们找到两个规则了:首先,债权主张不能超过可分配财产的100%。其次,我们应该参照衣物那个例子的规则。如果只有两个债权人,这些原则足够解决任何财产分配的问题。以下还有一些例子:

例子1:可分配财产有125美元。莫尔和拉里各主张100美元和200美元。按照第一个原则,拉里的200美元主张立刻被降为125美元。那现在100美元是被争议的部分,另外那25美元是没有争议的部分。根据衣物分配规则,被争议的100美元是要被平均分配的。因此莫尔得到50美元而拉里得到剩下的75美元。

例子2:可分配财产有125美元。莫尔和柯尔利各主张100美元和300美元。柯尔利的300美元主张现在被降为125美元,从这里出发,就跟例子1是一样的。莫尔得到50美元而柯尔利得到75美元。

例子3:可分配财产有150美元。拉里和柯尔利各主张200美元和300美元。两个人的主张现在都被降为150美元,那现在整个可分配的150美元都是被争议的部分。所以拉里和柯尔利各取得75美元。

那如果现在有三个债权人——换句话说，如果莫尔、拉里和柯尔利各主张100美元、200美元和300美元，而财产只有200美元呢？我们能看到《塔木德》上已经规定了分配方式是50美元、75美元和75美元。那这些数字是怎么来的？

耶路撒冷希伯来大学的罗伯特·奥曼教授和迈克尔·马希勒教授，率先发现了这些数字有些特别，那就是：这些数字都含有一致性。也就是说按照这个数字比例分配，三个债权人中的任意一对都能符合我们以上阐明的分配规则。

举个例子，莫尔和拉里一共取得了50美元加上75美元共125美元，他们是按照50/75的比例分配的，就像例子1里规定的一样。莫尔和柯尔利一共拿到125美元，也是按照例子2分配的。拉里和柯尔利一共拿到150美元，是按照例子3分配的。

但是在所有可以和以上原则保持一致性的分配规则里，为什么要用这个？这个问题本身就问错了，因为除了这个数字分配没有其他能和以上原则保持一致的规则（换句话说，除了50/75/75的分配方式，任意两对债权人之间用其他分配方式都是和以上原则不符的）。事实上，奥曼和马希勒已经广泛地证明了每个财产分配问题都只有一个与以上原则相符合的解。

现在就是最惊人的地方了：在每一个《塔木德》例子里，既定的解都是和以上原则一致的（你可以在第186页的例子里检验这句话）。在某种程度上，拉比们发现了适用于每个问题的与原则保持一致的唯一的解。

他们怎么做到的？他们用的可能是试错法，用不同的分配比例一直猜下去，直到他们找到一个一致的解。或者他们有一个更系统性的方程式，但那看起来不太可能，因为每一个已知的系统方程式都非常复杂。我来描述这样一个方程式给你，请容忍我这样做（或者你直接放弃这部分），因为我认为没有其他更简单的方式了。

第一步：制造（或者直接画）一个"塔木德水壶"代表这些分配主张：

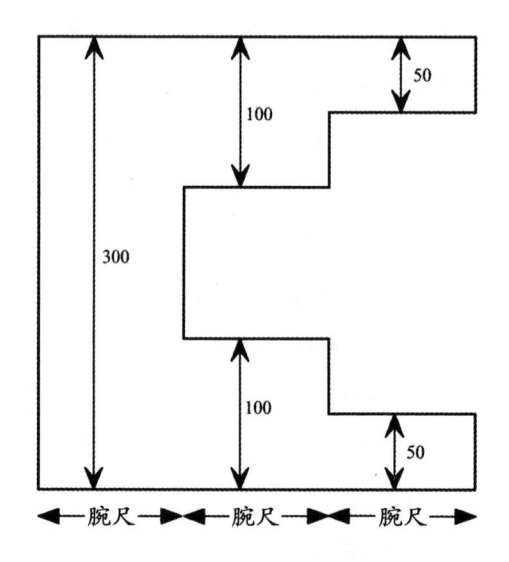

这个特别的水壶代表了莫尔、拉里和柯尔利各自的分配主张：100美元、200美元和300美元，从右向左看（就像读《塔木德》的顺序一样），每个分隔区都是1腕尺宽。右边的两个分割区的高度和是100腕尺，中间两个分割区的高度和是200腕尺，左边的分割区的高度和是300腕尺。如果你的量尺没有腕尺的刻度，可以用英寸或者毫米来测量。除了最高额的分配主张，把其余的分配主张都自上而下地分割成面积相同的小区间是很重要的。

下面还有一个不同的水壶，代表100美元、300美元、400美元和600美元的分配主张：

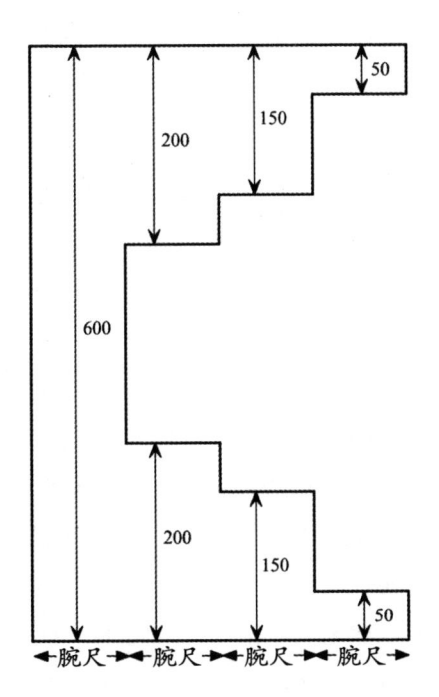

第二步：在水壶里倒入足够多的水来代表这笔财产。第一个水壶里倾入价值200美元的水（也就是能装入一个1腕尺宽、200腕尺高的容器里的水）：

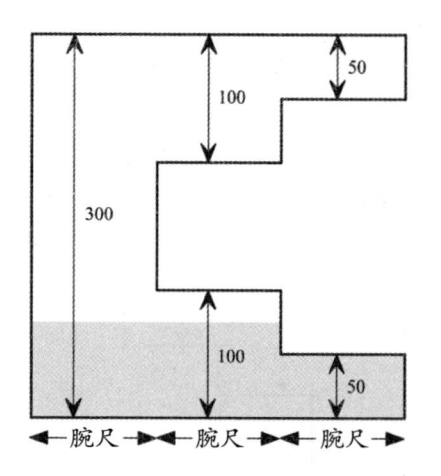

第三步：根据水的高度从右至左来读取这些分配方案。在这个例子里，莫尔取得50美金，因为在最右边的分割区里有50腕尺高的水量。拉里取得75美元，因为在中间部分的分割区有75腕尺高的水量。柯尔利取得75美元，因为水量在左侧分割区到了75腕尺的高度。

所以，根据"塔木德水壶"原则的分配，50/75/75是这个财产分配问题唯一的一致的解决方案（针对三个各主张100美元、200美元和300美元的债主如何划分200美元财产的问题）。

那如果莫尔、拉里和柯尔利分别主张划分400美元的财产呢？我们可以通过往"塔木德水壶"中注入400美元价值的水来找到解决方案：

我们还是从右往左来读取分配方案，莫尔取得50美元，因为在最右边的水壶有50腕尺高的水。拉里取得125美元，因为在水壶的中间部分有125腕尺高的水（底下是100腕尺，上面有25腕尺）。柯尔利取得225美元，因为水壶的左侧部分有225腕尺的高度。

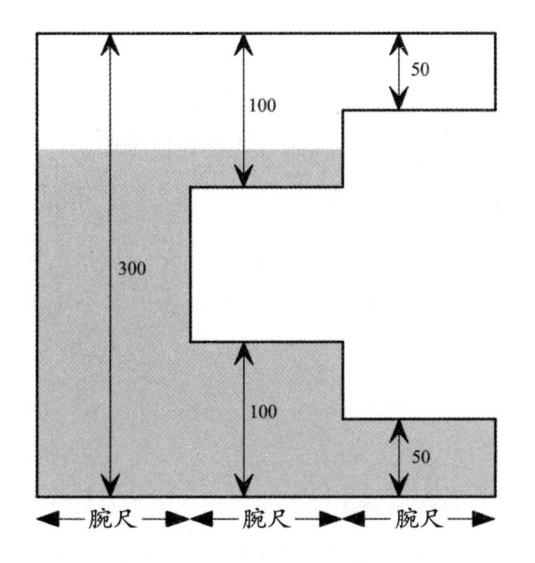

如果你想钻牛角尖,想检验这个解是不是真的与以上原则保持绝对一致,那就再举个例子:莫尔和拉里合计分到175美元的财产,并各自主张100美元和200美元。200美元的主张会被降低为175美元。莫尔和拉里共同划分其中有争议的100美元同时拉里取得那剩下的75美元。这样一来莫尔得到50美元,拉里得到125美元,就像水壶图示意的一样。你可以随意去检验莫尔/柯尔利和拉里/柯尔利的组合所取得的分配和以上原则的一致性。

尽管古代的拉比们没有考虑到这个特别的例子(400美元的财产将如何在100美元、200美元和300美元的分配主张中划分),奥曼和马希勒很有信心地认为如果他们考虑过,他们肯定能发现并且确信这是唯一一与该原则保持一致的解。

究竟他们是如何发现这个解决方案的至今为止仍然是个谜,"塔木德水壶"方法也完全是个现代的发明。事实上,它是由《石板》网络周刊一个叫贾亚拉曼·拉马钱德兰的读者发明的方法，用以取代一个我在专栏里提供的更难理解的阐明方法。我想拉比们不太可能早就知道这个。

但不管拉比们用什么样的方式找到这个原则，他们看上去一直都在用这个原则。因为每一个《塔木德》里的例子都符合这个原则，这就意味着在每个他们考虑过的例子里，古老的《塔木德》编撰者们跟现代的水壶方法所求到的解都是一样的。而且这个原则可以给每个例子一个完整的解，这也就是说在每个例子里，只可能有一个与该原则保持一致的解，我们可以想象拉比们是通过不断的试错才最终找到了这个解。

这里的一致性原则不仅普遍适用（因为总能找到一个保持一致的解），而且非常明确（因为一致的解应当有且只有一个）。

为什么与原则保持一致的解才是正确的解？奥曼和马希勒论证说保持一致符合我们内在意识中对公平的概念。但是在《塔木德》惯例里，如果你不喜欢这个论证方式，奥曼和马希勒还有另外一个。

想象所有的债权人都被关在一个屋子里，并且要求他们在财产分割上达成一致意见。如果他们不能达成一致，谁都不能获得财产。同时假定任何一个满足了自己全部主张的债权人（其他所有人都同意）被要求拿着分得的财产离开房间，那整个协商的过程看起来会怎样，还有最终的结果会如何？

现代的公理化议价理论主义者们尝试过回答类似这样的问题，不幸的是，他们的答案最终还是严重依赖于一些辅助式的假设。但是奥曼和马希勒已经证明了，在财产分配的例子上，从合理的假设出发最终所有的债权人会同意按照以上阐述的一致性原则来划分财产。因此按照奥曼和马希勒的理论，所有

《塔木德》中给出的分配方案都与债权人最终会同意的方案一致，只要给他们合适的议价规则和足够的议价时间。

第五部分
心智生活

二十一　如何思考

一些如何清晰思考的基本原则，绝大部分是关于经济学的，但也涉及算术、神经生物学、原罪，还有如何避免胡诌。

二十二　学习什么——给大学生们的建议

一些给大学生的建议：远离英文学科和谨慎接触哲学学科。同时简要谈谈弗兰克·拉姆齐的非凡一生。

最后，我们来说几句关于如何思考和学习的问题。第二十一章是一系列关于如何清晰地思考以及避免谬误的见解，第二十二章特别讨论的是大学生们应该学习什么的问题。我们同时会提到弗兰克·拉姆齐，他是一位剑桥学者，他的研究与这本书的主题相符。

在这过程中，我们会重新回到一些问题上，比如大脑产生思考的生物学基础、贸易保护主义、收入再分配、环境保护主义、信念的脆弱性、知识的基础、真理和可证明之间的区别，以及我们对子孙后代的义务。

二十一　如何思考

那些只在前方看到大海就断定没有陆地的探险家可不是优秀的探险家。

——弗朗西斯·培根

有时候我喜欢玩单人纸牌，这已经够糟糕的了，但我还要进一步坦白，那就是当我要选择两张黑八中的一张放到一张红九上时，我会用母亲在我6岁时教给我的一个首要原则：一定要动那张下面藏着更大数字的牌，除非你在等着开一张老K，如果这样的话就反着来。

不管直觉上这么做有多么诱人，我完全不确定这个原则是不是最好的方案，然而我过去一直都在使用这个原则。一直使用这个原则，但我却不感到一丝一毫的内疚想把这个原则弄清楚。虽然我完全不确定能不能弄清楚，但最可悲的是我连试都没试过。

你可以说这完全可以理解，因为毕竟这只是玩纸牌而已。当然了，如果纸牌游戏没有任何意义，你也有理由来问我为什么一开始要玩纸牌。不管怎么说，这种内疚从没有大到让我行动起来。

就像我在这本书里多次提到的，我们没有停下来认真思考的事情太多了，而且通常有充分的理由这么做。但当我们培养起思考的习惯时，我们会降低思考的成本，因此可以进行更多的思考，那这就是一个有效益的投入了。

在这一章里，我会随机列举出一些我认为非常有用的，尤其是在一些经济学问题上非常有用的思考习惯。这些习惯不会提高你玩单人纸牌的技巧，但有一些确实可能会改善你看待世界的方式。

学会算总账

有时候当你用一个经济学家的眼光看待世界时，你就会忘记那些用普通人的眼光来看待世界的所有方式。

当我在一个非常拥挤的熟食店排队时——就是那种需要排队取号的地方——一位女士拿着37号票放弃排队走了出来，然后随机把号码票送给了排在第45号的人。"这女士选择这么做而不是扔了号码票是多么好心！"排在我前面的一个人说，而且还有几个人点了点头，他们很开心看到一个有价值的资源被保留了下来而不是被随意丢弃了。

在那个时刻，我完全不确定是不是需要修读一个经济学博士学位才能弄明白：把一个人往队伍前面挪八个位子意味着把八个人往后挪了一位——并且完全没有改变最重要的事实，就是每分钟服务客人的效率不变。我跑回家和我那些不研究经济学的朋友们确认了这个事实,然后松了一口气地发现,大家都意识到了这个事实,除了那家熟食店门口的客人们。

但这里面深藏的谬误——没有意识到大局的错误——在我的经验来看,是经济学里唯一最大的错误来源。政治家们常规式地承诺要把医疗保险、住房保障或者高等教育通过下调费用变得更加普及,然后经济学家们就常规式地揪着头皮问那额外的医生们、空置住房或者教室都从哪儿来。这就跟你没办法通过把你的号码给出去来加快熟食店门口的排队速度一样,你也没办法通过降低医保费来缩短医疗服务的排队队伍。

同样的谬误也导致了一个偏见,就是巨大金融财富的累积在某种程度上会导致其余人更加贫穷,而事实上反过来说才是正确的。那些通过股票、债券和外汇交易来攫取财富而不是去大量进行产品和服务交易的巨富们实际上把更多的产品和服务留给了你我。如果更多的人能理解这简单的一点,那世界上可能就会少一些对"经济刺激计划"的热情,那种承诺填饱我们的肚子,却是通过让其他人来分享更大利益的计划。

弗农·史密斯,2002年诺贝尔经济学奖的获得者,和他的同事詹姆斯·考克斯进行了一系列实验,阐明了这个隐含的谬误。首先,他们把一个实验对象安置在一个独立的电话亭里,并给了他10张一美元的钞票,然后请他给另一个电话亭里的陌生人几张钞票。

结果是:大概有2/3的实验对象留下了所有的钱。换句话说,人们不喜欢把钱给完全不认识的陌生人。好吧,施舍钱财看上去是一件很好的事,但为什么要把钱给一个有可能已经非常幸运或者非常富有,或者非常卑劣的人,而你本来可以把钱捐给一个饥饿儿童基金会?

在下一轮实验里，实验对象被告知任何交给陌生人的钱都会被乘上三倍。比如给陌生人一美元陌生人会得到三美元，给陌生人两美元那陌生人会得到六美元。

现在突然有很多钱被给出去了。平均每一个实验对象给出去3.63美元（从一开始的10美元里），所以陌生人能收到10.89美元。

乍一看这很合理，人们喜欢做好事。他们不愿意花一美元让别人取得一美元，但是他们愿意花一美元来让别人取得三美元。这就是经济学家的黄金准则！

但可惜真相并非如此。[1]把钱从一个房间递到另一个房间里不是一个有产出效益的行为，这过程中财富并没有被创造，给陌生人的每一美元都是从别人那儿得来的——在这个例子里，是从那些资助这项实验的纳税人里得来的。

最简单天真的实验结论是实验对象愿意花一美元来创造额外两美元的财富，但正确的结论是实验对象愿意花一美元来取得一项特权，这项特权迫使一个陌生人（纳税人）给另外一个陌生人两美元。

如果没有任何关于这些陌生人的信息，你为什么要关心这些钱的流向呢？可能人们就是喜欢把别人的钱挪来挪去的感觉吧。

更有可能的是，实验对象处于一种财富可以在没有产生任何效益的行为下凭空出现的错觉。换句话说，他们忘了着眼于大局。想到这些不着眼大局的人也是有投票权的，这就发人深省了。

---

[1] 史密斯教授是我非常喜欢的一个人，虽然他极度不认同我以下的分析。我非常努力地试图去理解他的反驳观点，但却没有成功。

严肃对待比喻

我很喜欢用比喻，我认为能够用比喻弄清楚很多问题。但一旦你相信了一个比喻，你必须得相信它带给你的一切喻义。

政治哲学家们经常用比喻来维护收入再分配这个理念。他们会说：我们的福利系统就像一份保险合同，我们付一些保险费（在此指的是缴税）来帮助我们面对不幸事件。这个比喻非常有力而且有潜力成为一个绝佳论证的基础，但因为我是个经济学家而不是一个哲学家，我想把这个论证考虑得更深层一点。

福利系统可以保障绝大多数不幸的事件都发生在你出生之前，比如说你继承了不好的基因，或者拥有了错误的父母，或者出生在了错误的校区里，因此导致缺乏被市场认可的技能。所以如果说福利就像一个保险计划，这是你在出生前就已经买了的计划。更准确地说，如果保险经纪有办法在你出生前就找到你，你会在出生前就买好福利计划。

如果我们在出生前就已经买好了这个保险，那么随后再执行这项保险就是合理的。法庭经常判决一些它们认为诉讼当事人一旦考虑过就会签的合同生效，经济学家也经常对这样的判决举双手赞成。那么如果我们能让那些人们经常忘了签的合同生效，为什么我们拒绝让那些人们一开始没办法签的合同也生效，只是因为他们那会儿还没出生吗？

到目前为止这么说还好，但你还是没办法执行一份合同，除非你知道它的所有条款，所以我们不得不问一个尚未出生的人到底想要买多少金额的保险。在这个点上，那些政治哲学家就只能猜了。但其实没有必要猜，我们有各种影响赚钱能力的基因和环境的变量因素的数据，所以当上帝开始分配智慧和财富的时候我们都有一个大概的概念——我们所面对的风险是多少。我们还有当人们面对各种级别的风险时会选择的保险金额的数据，把这些都结合起来，我们就可以计算出那些尚未出生的人想要买多少金额的保险，然后一次性地推算出整个福利体系的规模应该有多大。

为了完成这个计算我们还需要额外的一个信息，那就是保险的价格。当保险价格偏高的时候，人们买的少一点，所以福利系统的价格会产生抑制购买的效果，也会导致更低的生产效益和收入水平。那么我们的答案也取决于这些抑制效果的大小。

随之也取决于整个福利体系的具体架构设计，一项所得税减免额跟一项食物券计划可完全不一样，但基于一个随手的快捷计算，我可以给出一些范围：如果你要搭建一个完全没有抑制效果的福利体系，你得让大概23%的人口永久地失业并且依赖于福利——这个比例比任何西方国家有史以来的社会保障体系所承担的都要大。而如果你完全不想控制抑制效果，你就得让大概0.6%的人口来享受福利——可能比有史以来任何一个社会保障体系所承担的都要小。

从0.6%的极端到23%的极端，是一个巨大的范围，也因为这是基于一个随手的快捷计算得到的。经过多年的工作和研究，估算的结果可能会更加精准。如果我们真要用一个保险的比喻来证明整个福利系统的正确性，那么就必须有人要做这样的工作。

顺便说一句，降低抑制效果的最好方式是直接把收入转移给穷人，而且是转移给那些略贫穷的群体。直接贴补特别贫穷的人会促使他们变得更加游手好闲，但贴补侏儒并不会促使人们想让身高变矮（虽然小孩子们可能会以此为由更不爱吃含钙丰富的菠菜了）。患有侏儒病的人比正常人平均赚的钱要少（通常每高一英寸意味着年薪会高出一千美元），所以你在把收入转移到正确的方向上了。当然你也可以对黑人和女性群体这么做，甚至那些丑一点的人，他们也在劳动市场上不受待见。（当然这也是支持平权行动的一个重要观点，尽管它更支持的是给这些群体直接转钱）

我们经常用家庭的比喻来讨论收入再分配的问题，那就是：社会像一个大家庭，家人们之间是不允许有一个家人挣扎度日，而另一个家人富得流油这种情况发生的。这个比喻比较难以辩护，因为基于事实来看，家人们是可以允许一个家人挣扎度日，而另一个富得流油的。我们在这件事情上有数据证明！比如说在绝大多数的例子里，家长们会在孩子们之间平均分配遗产——哪怕是其中有个孩子很有钱而另一个很穷的时候。遗产分配是你能在你爱的人之间进行收入再分配的最后机会，然而绝大多数人在遗产分配时还是选择平均分配。所以如果你真心相信社会更像个大家庭，那你应该少一点支持收入再分配，而不是给予更多的支持。

丰富你的想象力

在第一章里，我描述过一个品酒机器可以像你和我一样享受一瓶口感丝滑的皮诺酒（私下说我更喜欢无糖可乐）。这个机器对享受的感觉模仿了人脑中特定神经细胞的发射路径。我在那章里说（与丹尼尔·丹尼特教授一样）如果你觉得没办法想象这个机器，是因为你没有足够的想象力，可能你想象了大概几十个或者几百个互相交互的神经细胞体系，但根本没法与几十亿个神经细胞体系比拟。

我们本来就没有任何能力去想象一个有几十亿数量的事物，所以我们有时候只能想象一百个，但是一百个很难代表几十亿个。我想这也是为什么会有那么多人在之前提到的头疼病问题上束手束脚，因为他们只能想象一百个人得头疼病是什么样子，而忽视掉一亿个人得头疼病会是什么样一种情况。

同样地，如果你认为想象一个去中心化（非集中）的经济体系能比中央计划经济更好地分配资源是很难的，那可能是因为你被一些不相关的想象给误导了。你想象的是组织一场生日聚会或者做一个小生意，然后下结论说必须得有个人说了算才行，但经济体系的复杂程度完全是一场生日聚会或一个小生意不能比拟的。

当我组织一场生日聚会时，我可以告诉大家他们怎么能帮上忙。但如果你问我怎么组织好一个经济体系，我会立刻呆住。经济体系过于庞杂——而且每个人所具有的才能也太多元化并且让人无法察觉——所以我根本无法弄明白你能怎么帮忙，那就需要你自己来想明白了。就比如说你必须得知道哪些产品是高需求的，由此，你需要一个价格体系。

令人惊喜的是，这就是你需要的全部知识了。产品被高效地生产出来，然后几十亿人基于价格协调决策体系进行互动并把它们分发出去，就像我们大脑里几十亿个神经元细胞的互动一样。经济学家对于价格发展过程的了解比神经学家对心理活动的了解要透彻得多，但神经学家们很有希望在未来的某一天追赶上来。

要彻底掌握价格体系需要大量的工作，但幸运的是只需要简单的几句话就能将它的运作原理概括出来。比如把一个橙子从佛罗里达州运送到缅因州有上千种可行的方式（因为每天离开佛罗里达州的卡车就有上千辆），而一个中央策划者也没办法从中做出任何可行方式的选择，那么自由市场中诞生的奇迹会告诉我们成本最低的运输方式也就是利润最高的交通方式，也因此是我们首选的方式。

市场形势也越来越好：比如说当全球小麦的价格是每蒲式耳五美元时，农民琼斯会选择把小麦种在一片种植成本为每蒲式耳四美元的田野中，而不是种在每蒲式耳六美元的田野中（石头太多）。从全世界范围来看，所有五美元以下种植成本的田地都被种满了，而那些超出五美元成本的田地都用作他途。最终结果就是：这个世界上百亿蒲式耳的小麦供应是按照最低成本种植出来的，这也最大化了那些剩余的可用来生产玉米、大豆、纺织品和制造汽车的资源。

这只有在所有农民都面临同样的价格体系时才是有效的，否则结果就很糟糕。我们再举个例子，农民琼斯把他的小麦按每蒲式耳五美元卖出去而农民布朗按十美元卖出去，那么当布朗每蒲式耳成本为八美元的田地得以使用，而琼斯每蒲式耳成本六美元的田地被闲置的时候，就会把整个世界的小麦价格都抬高。

我想重申的是：有效生产的关键不仅是我们要面对价格，而是我们要面对所有同样的价格。如果你能理解这是为什么，那么你就迈出了理解伟大的高效竞价体系的第一步，也是最大的一步。

没有价格，复杂的体系就无法高效运作。举个例子，生物世界里就没有可以完全类比价格体系的对照物。虽然动物们也面临成本,它们出去觅食的时候面临掠食者爪牙的风险,但是成本跟价格不是同一个东西,如果缅因州的奶牛和新加坡的奶牛都是同样的价格,奶牛的资源就会变得短缺。不同于经济体系,生物体系的复杂在于它无法保证会产生令人满意的结果(连这样的期望都不要有)。一群吃不饱的牛群会造成过度放牧,直到食物消耗殆尽导致所有牛都饿死,它们没有一个促使自己保存食物的价格调节体系。

如果下一次有人告诉你说,我们不得不保护我们的湿地和雨林,因为生态系统是一个脆弱相连的系统,不该被轻易扰乱——尤其当这话是从那些从来不为用价格控制、最低薪酬政策、同工同酬立法和节油标准这样的工具,打乱我们脆弱相连的经济体系而感到不安的人口里说出来时。想要同时做一位生态保护主义者和一位经济干预主义者需要完全忽略一些经济学常识。从生物学的角度看,偏离当前的状况不一定算坏事,然而在经济学里,我们都知道从一个自由竞争的价格体系中偏离,其结果一定不好。

"这让我无法想象"并不是一个充分的理由。如果你无法想象人类的意识是从特定的神经元细胞的发射模式中产生的,那么可能是你想象力不够。但是如果你无法想象资源有效分配是从价格体系中产生的,那你可能真的是缺乏想象力——因为这个情境背后有被充分论证过的理论,并且已经详细阐明了如何从模式到达想要的结果。

成本不是罪恶

2008年3月,天主教会宣布污染已经成为一项原罪,也因此进一步强调了天主教的重要教义之一,那就是原罪无处不在。所以如果你呼吸了氧气，吐出了二氧化碳，你现在就是罪人了。

我一直以为"原罪"这个词是用在那些无法容忍的行径上的，但污染是我们可以少量容忍的行径，而且是我们都应该少量容忍的行径，甚至是我们都意识到应该少量容忍的行径。所以正确的问题应当是：具体多少量的污染才可以容忍，而且达到这个量的最好方式是什么？

答案在这本书的第十一章里已经阐明：这世界上的污染过量是因为污染者不能认识到自身的行为结果。解决方案就是对他们进行相应的征税，来促使他们认识到行为的后果。如果燃烧一加仑的油导致75美分等值的生态被破坏，那么每加仑油就应该征收75美分的税。

当事物被正确定价时，就没有必要将之道德化。每当你吃了一个橙子，你就让世界少了一个橙子，但是没人会认为吃橙子是罪恶的，因为吃橙子的人为这项特权付了钱——因此偿付了给其余人造成的损耗。

在良好的税收体系下，排放少量的污染物跟吃一个橙子一样无可非议。污染者皮特对我们的肺造成了价值10美元的伤害，那么他可以通过对财政贡献10美元的方式补偿我们的损失（政府可以用来为民众提供等价值的服务或者相应减少我们的税负），那到了最后，他并对我们没有造成净损害。

那为什么我们没有这样的税费项目呢？我怀疑可能是因为在一个具有合理的税收体系的世界里，天主教牧师们就找不到工作了，因为解决了一个社会问题，就少了一个可以声讨的罪行。

生物进化赋予我们一种动力来分辨、谴责甚至屠杀那些与我们更高级的价值观不相符的"坏家伙"。有时我们过多选择责难他人而不是真正解决一个问题，这些进化出来的本能可能对生活在热带草原上的祖先们更有用，而不是当今的我们。

着眼大局

通常来说，年逾九旬的人比我们其余人的身体更差一些，但这不意味着他们就是不幸的，我非常希望有一天也能活过90岁。

更概括地来说，孤立地看一个人的运气是好还是不好是不对的。在过去的几十年里，贫富收入差距扩大，可能是因为新技术增加了技能和教育为人们带来的经济回报，但从一个更广阔的背景来看待这件事情更重要。

当收入差距朝着某个方向发展时，休闲时间差距则朝着另一个方向发展。1965年，各个阶层能够拥有的休闲时间是相差无几的，不管社会经济地位如何，同年龄段、同性别和同样家庭人口数的人们通常有差不多相等的休闲时间。但从那时开始，两件事发生了：首先，休闲时间（就像收入一样）在整个国家范围内急剧增长。其次，尽管每个人的休闲时间都增加了，那些增加得最多的人是社会经济底层的人。

1965年，每个男性每周需要在工厂或者办公室里消耗42小时，算上喝咖啡、午餐和交通时间，大概一共是51个小时。现如今，一个男性要花费36小时或40个小时，取代了过去的42小时或51小时。那多出来的时间他会干什么？他会花少量时间购物、做一点家务活，然后花很多时间看电视、读报纸、参加聚会、放松、去酒吧、打高尔夫球、上网冲浪、看望朋友，还有享受性生活。总之，无论你怎么计算，他每周会多出六到八小时的休闲时间——可以看作每年多了九周的额外的假期。

对女人来说，花在工作上的时间从过去的每周17小时增加到了24小时。算上休息时间和交通，会达到20或26小时。但花在家务上的时间就从每周35小时降到了每周22小时，净休闲时间多出来4到6小时，可以看作每年多了5周的额外假期。这些增长有一小部分原因是人口结构的变化。一个普通美国人的寿命增加了，生的孩子变少了，所以他或者她的工作时间也毫不意外地减少。但即便你把现代美国人跟1965年的美国人对比——有同样人口数的家庭、年龄和教育水平——这些增长仍然是每周四到八小时左右，或者等同于大约每年7周的额外假期。

但不是每个人都是这样。大约有10%的人口的休闲时间水平还停留在1965年。一个比较极端的正相反的结果是，大约有10%的人口每周增加了比14小时还要多的休闲时间（同样地，这个增量是通过跟一个1965年的有差不多背景的人相比较得来的）。总体来说，那些收入水平不高的人群获得了更多的休闲时间——也就是那些最缺乏技能和教育的人群。而正相反的是，最少的休闲时间增长集中在那些教育水平最高的人群里，同时也是那些收入增幅最大的人群。

人不只是靠面包活着的，我们的幸福部分取决于我们的收入，但同时也取决于我们与朋友们共度的时间、爱好还有我们喜欢的电视节目。所以，从大局着眼是一个正确的思维方式，要记住那些在收入赛道上赢得最多的人往往在休闲赛道上赢得最少，反之亦然。

思考很重要

在这本书的第十五章和其他书里，我都写过有关生与死的问题。什么时候把人推到电车前挡车是合适的？什么时候取走一个健康人的器官，或者把呼吸机关掉是合适的？

举个例子，我曾经提到过，给没有社会保障的穷人提供免费呼吸机是不理智的，不是因为我想惩罚穷人，而是因为呼吸机太过于昂贵，我相信如果我们要把同样一笔钱花在穷人身上，会有其他更好的方式——比如说帮助他们付食物账单。（如果非要说这两件事都应该做是没有意义的；如果你想每年花10亿给穷人提供呼吸机，然后再花10亿帮他们买食物，那我会提议你最好把这20亿都花在食物上）

一旦我写的文章涉及这些问题，我就会被大量的来信淹没，这些来信一概都是告诉我成本收益分析更适合后果意义影响不大的制度问题，不适用于分析生死相关的问题。这个想法让人很诧异：经济学家们有一些可以用来权衡取舍的分析方式，而且我们应该多关注这些分析方式——但除了用在重要的事情上，这就像是在说科学研究对于设计家用电器很有用，但如果是涉及像治愈癌症这样的重要问题，咱们最好还是用巫术。

有时候巫术会以科学的面孔出现，但巫术仍是巫术。我的来信里面还充斥着各种针对成本收益分析的抱怨，他们说这样的分析无法区分"被识别的个体生命价值"和"统计学生命价值"——也就是那些我可能完全不知道姓名的陌生人们的生命价值。

这样的反驳也很让人诧异，因为我不记得我曾经说过这样的区分会有任何影响，我也没法想象有任何合理的论证能够使这样的区分有不同的影响。

用第十五章的头疼病问题作为一个具体的例子：我们都知

道人们愿意付一美元来治愈头疼，但不会用它来避免十亿分之一的死亡概率。因此，当你跟十亿个头疼病患者提出要治愈他们的头疼需要随机杀掉他们中的一个人，你是帮了他们一个忙。帮忙是好事，去做吧，但在这个论证里面没有人在乎那个被选中的牺牲者是谁。

我最近收到几封加州大学洛杉矶分校马克·克雷曼教授的来信，他在博客里提出了这样的反对意见（作为对我那篇有关呼吸机的专栏的回应）。克雷曼教授的反对意见是：一旦你选定了牺牲者，他的生命状态就从"统计学意义上的个体"切换到了"被识别的个体"，这就让之前所有的论证都无效了。但其实这并没有改变什么，我们一直都知道我们会杀掉一个人，现在我们仍然要杀掉一个人，所以如果之前这是个好主意，现在它仍旧是个好主意。

如果按照克雷曼教授的逻辑，每个选择了冒风险的人如果没有取得成功都应该被给第二次机会。比如我们都同意让那些不受欢迎的饭店倒闭，但如果某个特别的饭店倒闭了，它的状态就从"统计学意义上的个体"切换到了"被识别的个体"，那么我们就不得不帮助这个饭店老板。

我们来做一个思维实验，来看看克雷曼的哲学会把我们引向何处：一个疯狂的哲学家抓了五个人——他们的名字你都知道，所以他们的生命可以被认作"被识别的个体"——这个疯狂的哲学家打算把这几个人都杀掉，除非你允许他随机杀掉六个陌生人来代替。可以预料的是，克雷曼教授会牺牲那六个陌生人来救这五个（假定在这里统计学意义上的六个人的价值低于那五个被识别出来的个体，如果克雷曼教授认为这个比率应该有其他的设定方式，我们可以用10：11，或者任何一个让他满意的比率）。这六个人被随机选出来了，就在他们准备赴死的时候，他们的名字被揭露出来。在这个时点上，克雷曼教授愿意牺牲七个随机选择的陌生人再来救这六个人。七个人又被选出来了，他们的名字也被揭露出来了……最终克雷曼教授牺牲了全人类。

或者可能不是这样。可能克雷曼教授的博客文章和邮件不够准确，以至于我没办法认识到他到底想要说什么。举个例子，他可能是因为混淆了"我需要付多少钱来冒死亡的风险"和"别人愿意付我多少钱来帮他逃脱死亡风险"这两个问题的关键区别，才得出了自相矛盾的结论。那么为了夯实这个论证，我最终把论述转化为几行数学证明，并且请他来指出哪一行他无法同意。[1]在这之后他不再给我发邮件了，但还是不断在他的博客里重复他的观点，而在我看来这些观点也并没有比之前的更加清晰。

我们在这里学到的就是：即便四处搬弄专业名词——尤其是这种复杂名词比如"统计学意义上的"和"被识别的"——也无法代替真正的分析。如果你想否定一个逻辑论证，试着问问自己究竟想否定的是论证里的哪一段。如果你无法确定你否定的重点是什么，你可能就是在胡诌，也就是接下来我们要说的：

不要胡诌

尤其，不要像艾伯特·戈尔（美国前副总统）一样。在他那部纪录片《难以忽视的真相》里，戈尔通过把气候政策演绎

---

[1] 你可以在www.the-big-questions.com/lives.html上看到这几段论证。

成在气候控制和赚取"金条"之间的权衡，这侮辱了观众们的智商。他嘲讽地说："嗯……那些金条看起来是不是挺不错？"

可是任何一个超过八岁的正常人都能意识到金条不是被权衡的重点。正相反，这些金条是用来衡量我们为了控制碳排放最终要承担的损失的价值，它们代表食物、照明和交通。

一点不夸张地说，咱们还可以用那些养活非洲的食物来直接代替那些金条，然后用一个气温计的图片来代替地球。嗯……那些气温计看起来是不是也挺不错？

如果想更合理地讨论气候控制问题，你还得面对好几个难题。比如说气候变化的不利影响是什么？要避免这些影响的成本有多大（比如说大到要把纽约城搬到内陆）？那些可以抵消影响的收益又是什么（能在阿拉斯加生产小麦）？地球会有多大概率要面对其他的灾难，比如小行星撞击？那是不是碳排放的问题就不相关了？我们要为未来的后代们承担什么？还有我们的风险规避程度是多少？

规避风险很重要，不仅因为气候变化影响的不确定性，还因为它影响到我们子孙后代对我们的行为期待。想象你的灵魂正排队等着投胎——可能是明年，也有可能一百年以后。如果你无法承受风险，你可能会想让我们实施一项政策，这项政策能让所有世代的生活都一样美好；如果你喜欢风险，你可能更愿意实施一项政策，这项政策可以让有些世代肆意放纵地活着，而让其他世代付出相应代价。

认真研究气候变化的学生们——就像给英国政府提交《斯特恩报告》的那些作者们——他们敢于面对那些涉及哲学、科学和经济学的棘手问题的举动是十分值得赞赏的。而用那些把深刻而困难的问题模糊化的虚假比喻，让整件事情变得浅薄的举动，确实应该获得一个诺贝尔"反智"大奖。

真的，不要胡诌

词语组合是不能代替观点的，以下是我最近听到的一些欠考虑的词语组合：

生命在怀孕的时候就开始了，因为受精卵包含了创造一个成年人的所有信息。

好吧，受精卵里包含的所有基因信息都可以放进一张DVD碟片里，那如果我把这些信息都放在一张碟片里，这个碟片有生命吗？

我们不应该只顾拼命赚钱，而应该更多关心他人的生活。

好吧，但是你怎么知道你关心了他人的生活？通常是因为他们愿意付给你钱的时候，你才关心他们。

我们中有些人，比如，老师们，他们足够幸运能够从所关怀的对象那里得到直接反馈。但是那些从事的工作也影响到成千上万人生活的流水线工人或者公司高管呢？能够用一种微小的方式影响到很多人的生活，就跟用一种重大的方式影响到少部分人的生活一样是做出了贡献的，而通常能够确认你做了贡献的最好方式就是看看自己的收入。

最重要的一点是，不要损害到他人。

用字面上的意思来理解，这意味着"不要做出任何行为"，因为任何行为都可能有损害他人的风险。没有人一开始就打算要损害他人，那么他们为什么这么说呢？

每一张选票都算数。当竞选结束后，我们应该重新计票，直到我们完全确定谁赢了。

说这句话的人可能脑子里是有一些论点的，但我想象不出来它到底是什么。民主的理论（提炼出简单的本质并且省略掉所有冗繁的说明）是：一般来看，有更多选票的人是更好的竞选人。当然了，那如果票数多出一点点的人也就是稍微好一点的竞选人，而如果一个竞选人只是比另一个好一点点，那么计票失误也就不是什么太大的悲剧。所以如果考虑到重新计票的成本，还不如掷硬币来得更加合理。

乐于不争辩

为了信念激昂地辩论吧，认真倾听对手的论点，同时期待着自己会输掉辩论。因为当你输掉辩论的时候，你一定会学到东西。

二十二　学习什么——给大学生们的建议

要创立一套健康的哲学体系,你必须放弃形而上学去做一个出色的数学家。

——伯特兰·罗素

上大学的时候,我选了一门有关莎士比亚的课,我们称这门课的教授为"N教授"。我在上高中的时候对莎士比亚并没有多大兴趣,但N教授给莎士比亚的戏剧赋予了生命。课程结束后,我去他的办公室感谢他给我的生活带来了虽小但又重要的变化,他微笑着说他对这样的话感到尤其欣慰,因为他今早面临了被解雇的震惊。

很多年以后,我用谷歌搜索了N教授,发现他在一个小小的社区学院教学,而那里的学生还抱怨他的无趣和苛刻,那些学生中,可能只有几个人会感恩遇见这个老师的好运气。

跟我大部分的同学相比,我很高兴选了那门课。但我不理解的是为什么我被允许拿这门课来修学分。虽然这门课极大地丰富了我的人生，但性和毒品也丰富了我的人生，可是没人允许我以它们抵学分。

我爱莎士比亚，我也爱《辛普森一家》那部卡通片。N教授激起了我对莎士比亚的兴趣，我女儿（三岁）激起了我对卡通片的兴趣。我对两者都抱有感激，但它们中没有一个让我觉得是大学课程中的合适教材，最多可以作为选修系列讲座的主题。大学生活应该提供很多可选的用以丰富人生的经历，比如校内篮球比赛还有日光浴。但是读书，就像篮球或者日光浴一样，是一种休闲活动，没有哪个更值得赞赏，大学教育不应该刻意营造这个假象。

尽管如此，让学生们阅读是英文系最重要的两个使命之一。另一个是教会学生们写作，但这偏偏会对学生们的学习造成损害。

一个大学教授的最大败笔就是教会了学生们写作的技巧，却无视表达的内涵。很多学生们更注重结构良好和语法正确的表达方式，还偶尔充斥着华丽的语言，但却缺乏核心的论述逻辑，而且他们完全不理解为什么拿了零分。

从另一个角度看，如果你的写作是混乱的，通常是因为你的思维也是混乱的。纠正的方式不是通过一系列写作的训练，而是让你掌握最核心的主旨。

从我多年为杂志和报纸写文章的经验来看，我写过一些还算强的专栏文章，也写过一些比较弱的。但那些比较弱的文章之所以弱，几乎都是因为我没有确定好论述的逻辑。一个好的专栏文章通常是把一个逻辑论证翻译成数学语言，用大量的运算来确保这个论证是可靠的，再把所有的运算过程都抹去，最终把相关的理解翻译成白话表达。翻译成白话是最简单的部分，当你知道你要说什么的时候，写作就会很流畅。而如果你硬要打造表达和修辞，可能是因为思路比较混乱。

所以我通常会建议大学生们不要选英文课。如果你喜欢阅读，那就去阅读，你不需要去上一门课来阅读。尽管我对N教授非常感激，但如果我没有把很多成年后的阅读时间用来重读《理查三世》，我可能会阅读点别的书，它们也有可能跟这本书一样好，但谁知道呢？如果你不喜欢阅读，打网球或者做点别的都行，因为一个兴趣跟另一个兴趣没什么区别。

如果你就是想上一两节文学课，我不会絮叨你，但不要让这些阻碍你接受教育。但是看在上帝的分上，避开那些写作课吧。如果你想写作，花几年时间去学习别的课程，比如说认知科学。找一个你感兴趣的观点，花很多时间思考这个观点的组织结构，然后试着把它跟你的朋友们讲清楚，你不会陷入词穷的困境，你只需要把这些想说的语言写在文章里。

那么你到底应该学什么？有一些老话是有意义的，而且里面确实有一些经济学道理，那就是：你必须得学一些你喜爱的东西。不管你未来选择什么职业道路，你肯定是跟那些真正热爱这份职业的人在竞争，他们的热情会使他们精力无穷。如果你不跟他们一样拥有热情，你就没法跟上他们的脚步。

我认为哲学是一个令人喜爱的学科，它通过一些很有效的方式来探讨一些重要的问题。但我也对哲学的教学方式感到不安，一个主修哲学的本科生通常要在亚里士多德、康德或者其他死了很久的白种人哲学家里选一到两门课，亚里士多德除了哲学外还写过很多主题：生物、物理、政治还有音乐等，但没有任何生物学或物理学的学生被要求去阅读亚里士多德。虽然亚里士多德的思维在他那个时代是卓越的，但在之后的2400年里，人们找到了更好的思维方式。很显然，只有哲学家们对他们自身学科的发展程度自信不足，所以才会继续提供老古董式的课程。

在我的认知里，没有任何学科比数学更加美好和对大脑有益了，而且学习起来也是可行的。就像你已经了解的（除非你是从后往前看这本书），我也对经济学和物理学非常着迷，还有类似的能够从很明显的混乱中提炼出逻辑顺序的学科。但大家也没必要按照我的品味来——或者按照你对自己之前品味的理解来。我上大学的时候本来以为我会主修历史、政治或者英语（这是真的），但是感谢上帝让我多看了看别的选择！[1]

如果你享受学习数学，并且有一点数学的天赋，不管你认为你最终会选择主修什么学科，你上数学课都不会出错。最高阶的经济学博士项目总是偏好录取有较强数学背景的学生而不是有较强经济学背景的学生；有人跟我说生物系也是如此，那我猜测可能很多学科也是会如此。在我执教的经济学系里，我们经常录取主修数学专业但成绩单上只修了少量经济学课（甚至没有）的学生，而且我们从来没有录取过一个主修经济学但没有得到足够数学训练的学生。

有部分原因是我相信如果你会数学，你可以更加清晰地思考，而清晰思考恰恰是研究经济学（或者任何值得做的事情）里最重要的事。还有部分原因是数学是关于普遍模式的思考，因此它能够适用于任何本质上需要思考的场景。

英国剑桥大学曾有一位数学专业的学生叫弗兰克·普兰普

---

[1] 不是说学历史或政治有任何问题，而是于我来说它们会是错误的选择。

顿·拉姆齐。他的兴趣涵盖了很多我在这本书里讲到的主题。他热爱哲学和文学,并且阅读广泛(没在英文系的帮助下)。跟他热爱阅读好书一样,他也喜欢结交良师益友。他非常容易相处和招人喜欢,而且他的谦逊、诚实,还有发自内心的笑声广为人知。毕业后他成为了一名数学教师,他要好的朋友是世界上最重要的哲学家之———路德维希·维特根斯坦和皮耶罗·斯拉法,一位前沿经济学理论家。

我插入一个关于斯拉法的小故事(与本章不太相关):他的主要著作是一本名为《用商品生产商品:经济理论批判绪论》的书,在书中他尝试解决如何确定利率和生产力的理论中的一些深层悖论,这本书专业性很强而且难以理解。

有一天有一位剑桥的学生闯入经济学系的休息室并且抓住了斯拉法的同事,一位杰出的经济学家路易吉·帕西内蒂,气喘吁吁的学生说:"帕西内蒂教授!我读斯拉法教授的书好几个月了,我觉得我终于能理解了!我完全弄明白他什么意思了!让我解释给你听!"他们在沙发上坐下然后帕西内蒂教授耐心地听这个学生讲了15分钟这个复杂深奥的理论,这个学生问:"我弄明白了吧?是不是这样?我是不是弄明白了?"帕西内蒂回答说:"你怎么不问斯拉法?他就坐你旁边呢。"

这个学生惊恐地转过头,但是很高兴地发现斯拉法确实就一直坐在他身边——头靠在沙发后背,脸朝着天花板并且闭上了眼睛。学生小心翼翼地重复了他的问题:"斯拉法教授?我对不对?你的书表达的是不是这个意思?"斯拉法闭着眼睛回复说:"我永远不会告诉你的。"

拉姆齐对于信念以及所有介于信念和知识中间的领域都非常感兴趣。他观察到人们能够相信古怪的事物,但让他们相信某些古怪事物的组合就很难。比如说没有人既相信洋基队今晚肯定会打败红袜队,同时又相信红袜队今晚肯定会打败洋基队,一个赌球的人如果同时相信这两件事,肯定很快就破产了。他可能更愿意拿两美元赌洋基队会赢,一美元赌另一支球队赢;或者拿两美元赌红袜队会赢,一美元赌另一支球队赢。不管这个比赛结果如何,他输了两美元赚了一美元。

拉姆齐假定如果一系列信念的组合能让一个骗子通过精妙设计的赌博骗走你所有的钱,那这个信念组合是不可能存在的。随后他弄清楚了如何按照这个标准分辨出哪种信念的组合会被排除。这一研究成果构成了现代博弈理论基础的一部分。

我们对一些事情的相信程度要高于其他事情,拉姆齐理论解释的就是这些相信程度以及这些信念本身。如果你告诉我你相信灵魂的重生,那我如何估算你相信的程度呢?拉姆齐的方法不是观察你怎么说,而是看你怎么做。比如我基于"我的汽车可以使用"这个前提计划了一整天的事务安排,因此你就可以推断说我对这个前提的相信程度是很强烈的。如果你的宗教信仰对你的行为没有明显的影响,那么不管你口头怎么反对,我都可以假定你相信的程度是很低的。

那么现在,我们怎样从信念层面进化到知识层面?就此,拉姆齐发明了另一个深刻而又有影响力的理论,重点强调"可靠过程"的作用,包括数学视角、逻辑分析和证据的积累。

用数学的视角来看,拉姆齐被一个奇特的事实给震惊了:在一个六人聚会上,一定会有三个共同的朋友或者三个不是共同朋友的人。这一事实其实并没那么明显,但也并没有那么难以证明。[1]他自然而然问了接下来的问题：我要邀请多少个客人才能确保这些人里有四个共同的朋友，或者有四个不是共同朋友的人？

这个问题的答案就不是那么明显了！有可能聚会的规模会变得非常大，导致永远都没有四个共同的朋友或四个不是共同朋友的人。然而最终结果却是，答案是存在的（拉姆齐已经证明了），而且答案是18（这个拉姆齐至死都没有找到）。一个17人的聚会可以避免有四个共同的朋友或四个不是共同的朋友，但一个18人的聚会没法避免。

那如果是五个呢？拉姆齐至死也不知道答案——而且你和我可能也无法知道。目前能知道的就是答案是介于43到49之间的一个数字，不过拉姆齐仍然证明了这个答案是存在的。

如果是六个，目前所知的答案应该在102和165之间；如果是七个人，答案是在205和540之间；如果是八个人，答案应该在282和1870之间；如果是19个人，我们所能知道的就是答案在17,885和9,075,135,299这两个数之间。但是拉姆齐证明不管数字有多大，都会有一个答案。

事实上，他证明的远远不止这些。拉姆齐定理讲的是在足够大的混沌状态中，秩序总是能找到。如果19个共同朋友（或不是朋友）是一个高度有序的结构，那我确定可以在

---

1 证明过程如下：想象你自己是一个六人聚会中的一人。假定此时你在这个聚会上有三个朋友，如果他们中的任何两个是朋友，那么再加上你就是一个互相认识的三人小组；如果他们中都没有朋友，那么他们就构成了三个非共同朋友。另一方面，假定你在这个聚会上没有三个朋友。那么因为一共有六个人，一定至少有三个不是朋友的人。如果他们中的任何两个不是朋友，那么再加上你就一定构成了三个非共同朋友小组；如果他们三个是朋友，那么他们就构成了一个互相认识的三人小组。这就包含了以上说的情况。

9,075,135,299人的大聚会里找到一个这样的组合。

现在有一个专门用来处理类似问题的数学理论分支叫"拉姆齐理论"。拉姆齐理论是关于一系列丰富的陈述，这些陈述都是正确的却无法证明——就像大力神永远可以击败九头蛇这样的论述。哥德尔是最先给出这样的陈述例子的人，但他的陈述根本没有办法被理解。拉姆齐理论是第一个给普通的数学家提供了易于理解的例子。

事实上，拉姆齐对聚会问题感兴趣不是因为对问题本身感兴趣，而是将其作为从纯逻辑规则中提取数学真理的项目试验基础。这个项目只取得了部分成功，但却非常有影响力。

在经济学领域中，拉姆齐也做了不朽的贡献，他的部分动力来源于他与皮耶罗·斯拉法的友谊关系，还有是他与经济学家约翰·梅纳德·凯恩斯的关系。确实，拉姆齐的名字在经济学文献中出现的次数太多，以至于大部分经济学家都认为他是个全职的经济学家。当我告诉他们经济学其实只是拉姆齐排名第三的兴趣，而数学和哲学才是排名前二的兴趣时，他们通常都很惊讶。

拉姆齐曾提出一个问题："人们应该存多少钱？"当然，这个答案至少有部分取决于我们有多么关心我们的后代。拉姆齐的答案是我们理所应当关心那些出生在遥远未来的陌生人们，就像我们关心那些出生在当今时代的人一样。他说，如果不这么做，就是道德上站不住脚的。我其实想知道他会如何看待我在本书中完全相反的观点。

在找到了道德立场的前提下，拉姆齐仍然要面对正式的技术问题。好吧，如果我们选择平等关注所有时代的人，那我们如何从这个问题推导出一个确定的比如说"我们应该储蓄收入的7%"这样的答案？"拉姆齐成长模型"是他专门设计出来解决这个问题的，这个模型已经基本成为每个一年级经济学研究生必须要学习的内容。还有就是"拉姆齐定价模型"，用以分析被监管的垄断行业应该如何进行商品定价才能取得社会最大效益。

在某种程度上拉姆齐能够推动经济学研究的发展是因为他在数学和哲学研究上有比较全面的理论基础，就像约翰·梅纳德·凯恩斯说的："当他从已经习惯了的高度走下来后，在让众多经济学家拼力喘息的稀薄空气中，他就能毫不费力地生存。"

凯恩斯所言为实。他自己着手了一个长达数年的重写概率理论的研究项目，并且为此写了一本厚厚的书，但19岁的凯恩斯又说服自己这个方向是错误的所以放弃了该项目。一些著名的哲学家们，不管是伯特兰·罗素还是路德维希·维特根斯坦，都曾经因为拉姆齐的批评而剧烈地削减或修改自己的研究计划，就像著名哲学家R.B.布雷斯韦特所说得那样：

> 我总是觉得，就我们讨论的任何话题，拉姆齐总是比我理解得要好，而且在他没有说服我的地方（经常如此），我通常也大概率认为他是对的而我是错的，我没有认同他只是因为自己的脑力不足而已。

从他愿意服从拉姆齐的观点来看，可能布雷斯韦特就是我们在第七章里提到的那些稀有而诚实的真理追寻者！

做学术研究的人多少都曾经在一些回过头来看方向不对的项目上浪费过几周（甚至是几年）的时间。拉姆齐也不例外。

他曾在一个问题上研究了一段时间，这个问题是：你一定要做一个决定——比如说究竟是住在纽约还是芝加哥。有一些信息可能会跟你的决定相关——比如说芝加哥的就业市场情况或者每年的降雨量。问题是：在你做决定之前得到这个信息更好，还是做决定之后得到这个信息更好？

答案很明显，是"之前"。但最明显的不一定是正确的，很令人钦佩的是，拉姆齐打算从基本原则出发把问题思考清楚。他第一步而且非常合理的一步是把问题转换成数学运算。不幸的是，他把它完全转换成了复杂却没有必要的数学运算，最后还需要他用上一系列辅助性的技术假设。最后，他找到了正确的答案（答案还是"之前"），然而是在他做了大量的工作之后才找到。更坏的情况是，因为这些多余的技术假设，他的论据就不是普遍适用的了，而一个更简单的论述有可能证明得更多。

在某个时点上，拉姆齐一定已经意识到自己的方向是错的，他把这两页草纸的运算塞进了抽屉里，就我所知，他再也没看一眼。但在拉姆齐已经去世了很久之后，这些草纸被发现了并且被刊登在了《英国哲学杂志》上，跟编辑大肆宣扬其深刻性[1]的笔注放在了一起。就是类似这样的事情有时会让我对哲学家们的判断感到恼火。但站在编辑的立场，我也知道没有数学家、经济学家或者物理学家（包括我自己）愿意别人拿自己说过的最愚蠢的事情来评判自己。

就像这本书里写的很多内容一样，我喋喋不休地讨论拉姆齐并不是想证明任何观点，而是因为这个话题在这里比较合

---

1 《英国哲学杂志》是被哲学家们公认为学界内很有地位的一个杂志，我也有幸在上面发表过文章。

适，并且我认为它很有趣。如果真要就此总结一些经验教训的话，那就是：不要被传统学科的划分所局限，让你的思维自由奔跑。

我们还可以学到的是：尽可能地利用好你的青春时光。弗兰克·普兰普顿·拉姆齐，他是两个女儿的父亲；同时与维特根斯坦、斯拉法和凯恩斯都是至交好友；他在哲学、逻辑学、数学和经济学领域发表了约15篇不朽的论文。他逝于1930年1月19日，年仅26岁。

附录

如果我比别人看得远，那是因为我站在巨人的肩膀上。

——艾萨克·牛顿

如果我没有别人看得远，那是因为有侏儒站在我的肩膀上。

——佚名

再分享一些思考，以及一些我钦慕的思想家的观点：

前言　一段旅程的开始

大卫·默民教授在1968年出版了《狭义相对论中的时空》一书，2005年，默民教授又写了一本有关狭义相对论的新书叫《时间》。默民教授认为他后一本书写得更好一点。虽然我也同意新书非常好，但我还是更喜欢旧的那本，并不仅仅是因为它让我回忆起自己的青春时代。

第一章　何物存在

我在这章里论述了数学对象是独立于研究它们的人类而存在的，这肯定是一个主流信念，而且有可能是当前所有的数学家中唯一的主流信念。以下我引用了19世纪最有影响力的两位数学家的观点，如果需要引用更多也是很容易的事：

> 我相信数学和泛函分析不是人类大脑随心所欲思考出来的结果，我认为它们的存在超出我们自身，就像客观现实中存在的事物一样有必然性，而我们就像物理学家、化学家和动物学家一样发现它们，研究它们。
>
> ——大卫·希尔伯特
>
> 我相信数学现实存在于我们人类之外，我们的任务是发现、观察它，而我们所证明的定理，和我们夸张地描述为我们伟大的"创造"的东西，其实都只是我们的观察笔记而已。
>
> ——戈弗雷·哈罗德·哈代

（当然了，我比希尔伯特和哈代要走得更远，我提出数学对象不只是真实存在的，而且还是宇宙的构造基础。）

第四章　白日梦信仰者

波纹是一种复杂的物理现象。

以下是我在第四章提到的：在奇数维度介质（比如说我们周围的三维空气）中发生的震动并不会传递波纹。相较之下，在偶数维度介质（比如一个池塘的表面）中发生的震动会传递波纹。[1]

但我没有提到：池塘表面是复杂的物体，你在上面看到的波纹可能相比二维介质的波纹更为复杂（而且相对而言更大和更持久）。在很大程度上，池塘表面的波纹不是按照二维介质的物理学机制传递的，而是按照池塘表面的特定物理机制传

---

[1] 对这部分感兴趣的读者，我已经把这些事实相关的证据（高度专业的）放在了网站上，网址为：www.the-big-questions.com/ripples.html。

递的。[1]

不过这些都不能改变主旨，那就是：池塘表面会起波纹，而声音不会。但是当有人告诉我"声音是一种波"的时候，我没有质疑就接受了——尽管声音跟我所熟悉的波很明显完全不一样。

第七章　第欧根尼的噩梦

在1976年的《统计学年鉴》中奥曼论证了我们无法保留分歧；在1982年的《经济学理论》期刊的文章里，吉纳考普劳斯和伯力马卡吉斯论证了我们不可能永远地争论下去；斯科特·阿伦森在《第三十七届美国计算机协会年度研讨会纪要》上证明了在合理的时间范围内我们最终能得出一致的结论。

就奥曼的研究结论范围进行拓展的论文还有几十篇，它们都指出了潜在的漏洞，并且查漏补缺。就像文中所述，一个可能存在的漏洞就是：不是我们所有的信念都是源自逻辑和证据。罗宾·汉森在2006年的杂志《理论与决策》一篇文章里最终分析并且弥补了这个漏洞。

几年前，在《经济学快报》这本期刊里，汉森给出了一个令人愉快的观点，那就是当诚实的真相寻求者们进行辩论时，他们的观点会难以预料地变化。比如86号特工说："我很确定是科里干的"，而99号特工说："我很确定是西普干的"。那86号特工接下来会说什么？可能他会说"好吧，我仍然认为是科里，但是我没那么肯定了"，或者可能他会说："老天呀，

---

[1] 更准确地说（尤其对于那些能够忍受这类术语的人来说），波动方程确实能预测二维空间中的波纹，但是池塘的波纹至少在某种程度上是一种非线性的现象，因此不完全按照波动方程式来解释。

你是对的！确实是西普！"完全超过了99号特工的确定程度！汉森证明了在一个只有诚实的真相寻求者的世界，99号特工应该完全预料不到对方的反应。

如果想要一个更全面并且可读性极强的概论性文献，可以去读一篇由泰勒·柯翁和罗宾·汉森在《经济学方法论》期刊上发表的论文，标题为《是否所有的分歧都诚实？》（*Are Disagreements Honest?*）。

第八章　要懂数学

如果想要一个更清晰可读的针对哥德尔观点的说明，我极力推荐一本由欧内斯特·内格尔和詹姆斯·R. 纽曼写叫《哥德尔证明》的书，我在年轻的时候读过这本书，并从此爱上了数理逻辑。

顺便提一下，哥德尔支持一个观点，即数学知识是通过超感官知觉获取的，而不是通过逻辑和证据：

> 尽管跟感官体验完全不同，我们确实会对集合理论里的对象产生一种感知力，就像数学公理是从天而降一样，我们能够感知到它们是真的存在。我不认为我们有任何不相信这样的感知的理由，即更相信感官知觉而不是数学直觉……同样地，它们也可能代表一种客观现实，但是相对于感官知觉来说，我们对它们存在的感知可能基于我们跟现实世界的另外一种关系。

第九章 遗留问题——大力神和九头蛇的传说

大力神和九头蛇游戏的发明者是柏鲁克学院的劳里·科比和曼彻斯特大学的杰夫·帕里斯。1982年,他们在伦敦数学协会的公报上发表了论文,确定了大力神总是会打败九头蛇,同时这个陈述是无法被数学公理证明的。事实上还有一些更让人震惊的真相:第九章的九头蛇会在第二轮的砍头过程中长出两个分支,第三轮是三个分支,然后持续下去。而它更加凶悍的表亲会在第二轮长出2^2个分支,第三轮是3^{3^3}个,第四轮的时候是$4^{4^{4^4}}$个分支,依此类推。即便是与这个凶悍的表亲斗争,大力士仍然必定会赢,不管他的策略有多愚蠢。但是这说法也真的是无法证明,即便是对更加凶悍的九头蛇也是如此——事实上,对任何可以描述出来的九头蛇也是如此。

第十二章 证据的规则

有关经济困难时期和社会动荡的研究是由加州伯克利大学的爱德华·米格尔教授、纽约大学的夏克尔·赛提纳斯和欧内斯特·瑟金提教授共同发表的,他们的论文发表于2008年的《政治经济学》期刊上。

对于教育和犯罪之间的因果关系研究,请阅读兰斯·劳克莱的论文《教育、工作和犯罪》,或者劳克莱和恩瑞科·莫雷蒂同年发表在《美国经济评论》期刊上的《教育对犯罪产生的影响》一篇。

最近由戈尔登·C. 史密斯和吉尔·P. 佩尔发表在《英国医学杂志》上的一篇文章重新审视了有关降落伞降低死亡率的证据,并且下结论说该证据不符合医学研究中对照实验的高标准。

第十三章　知识的局限

知识渊博的读者们会立刻发现我通过把电子的状态空间从一个二维的球面画成了一个一维的圆圈而作了弊，但我也相信同一批读者能看出这并没有影响重要观点的传达。

尽管如此，同一批读者可能会困惑于为什么"左边"和"右边"两点隔了一个半圆周，而不是1/4个圆周。答案是（可能只会被那些提出这个问题的人理解）这个圆不是单位圆S1，而是真正的射影空间P1；圆圈的对应点已经是确定的了。

第十五章　如何分辨对错

电车问题是从差不多类似的困境问题推演出来的，这个困境问题是由英国哲学家菲莉帕·傅特在她的《善与恶》一书中率先提出来的，傅特教授用这些场景来阐明有关堕胎的争议，但是我（和其他人）采用了这些场景来阐明道义论哲学和结果论哲学之间的区别。

如果想要找一本生动和有深度的有关道义论（尤其是把个体权利上升到道德高度的形式）和结果论之间的权衡分析读物，我推荐大卫·弗里德曼的经典著作《自由体制》。

第十六章　经济学家的黄金准则

我的朋友大卫·勒文一直不厌其烦而且吃力不讨好地督促我保持诚实，坚持我要用前一章里的一个更严苛版本的电车问题来面对经济学家的黄金准则。为了让大卫满意，我们来看一下下面的问题：

电车问题（黄金版本）：一辆有轨电车在一条轨道上失去了控制，朝着某个正在捡垃圾的孤儿冲过去，这个孤儿只是城市里100个孤儿中的一个。一个非常富有的人可以把他价值30万美元的金表扔到列车前来阻止这场灾祸。他有没有义务这么做？

答案是：看情况。这块金表还有一个用法就是把它卖了然后给每个孤儿3000美元。那么在电车事故前一天的话，孤儿们自己会怎么选：是每个人拿3000美元，还是得到一个保证：会有一个有钱人把他们从偶然发生的电车事故里救出来？

经济学家的黄金准则至少会说明这一点：如果你要花费30万美元来帮助孤儿，你应该按照孤儿们想要的方式来花这笔钱。因此，如果我们假定孤儿们更想要现金，而且我们不认为那个富人有任何义务捐赠现金，那么我们可以总结说富人并没有义务阻止电车。

这是一个令人震惊的结论，但却不是一个不顾道德的结论。它不是基于冰冷的数学技巧，而是基于有实质意义的道德推理。如果那个有钱人昨天没有强烈的愿望来分发3000美元，他凭什么要在今天做出一个连孤儿们自己都觉得没有什么价值的付出？

现在你的答案可能是：这个有钱人本来就应该给孤儿们捐钱。如果这是你的立场，经济学家的黄金准则并不会反对；它在关于我们应该做多少慈善这个问题上没有什么可说的。换句话说，如果你想知道我们应该做多少慈善，你应该给经济学家的黄金准则补充一些附加的道德准则，因为经济学家的黄金准则从来就不是一个大而全的道德原则。

而且我们要记得，我们经常性地牺牲穷人的生命来换取富人们的生活享受。比如说每一条没有防护栏的道路都是一个潜在的死亡陷阱，时间长了以后肯定会有人死在这种路上。我们可以通过给富人征税修建护栏的方式来避免这些死亡，但我们没有选择这么做，穷人还是照常死亡以便富人们可以吃上鱼子酱。

可能我们一开始就不应该忍受这样的收入不平等，但是事实上我们确实忍受了这样的不平等，而且这并不让我们觉得困扰，至少一点也不像这个版本的电车问题一样让我们困扰。

那么也可能这个小练习的主旨就是：我们不应该对收入分配结果感到那么满意，或者我们就应该放任孤儿们自生自灭而问心无愧。像大卫一样，我肯定不能同意后者，但跟大卫相比我更愿意认同这种可能性，即这个小练习确实对我们有所启发。

第二十章　遗留问题——让犹太拉比分馅饼

奥曼/马希勒定理首先发表于1985年的《经济理论杂志》。

第二十一章　如何思考

弗农·史密斯和詹姆斯·考克斯的实验发表于考克斯在亚利桑那大学的一篇名为《互惠经济学》的研究论文。

对被比喻成社会保险的福利系统规模的粗略估算来自我前同事詹姆斯·卡恩和雨果·霍本哈因，基于同样的目的，詹姆斯·莫里斯教授给出了一个更为复杂精确的计算（更偏重税收系统而不是福利系统），并因此获得了诺贝尔经济学奖。

葛来格·曼昆和马修·温齐尔在一篇2007年的哈佛研究论

文上探讨了最优的身高税。

在"成本不是罪恶"部分里，我为失去那些促使我们区分、谴责以及惩罚那些我们认为是"坏人"的生物进化成果而感到哀悼。哲学家大卫·利文斯通·史密斯强调了（我认为很正确的）整个人类漫长的战争史（以及普遍的暴力行为）在生物进化的视角中最容易理解，他在他的杰作《最危险的动物》中给出了这个动人心魄的论述。这本书融合了生物学、历史学、社会学和哲学。我一直相信进化生物学可以用以解释我们在对外贸易和移民政策上的仇外心理，史密斯的著作使我相信这些观点同样可以应用在国防和外交政策上。

关于时间分配的数据来自一篇由马克·阿吉亚尔教授和埃里克·赫斯特教授联合发表的叫《测量休闲趋势：近50年的时间分配》的论文，你也可以看看他们的书《休闲不平等的加剧：1965-2005》。

第二十二章　学习什么——给大学生们的建议

你可以在尼尔斯埃里克·萨林教授的网站上阅读他的著作《拉姆齐的哲学》来获得更多有关拉姆齐哲学的知识。

致 谢

我和我的读者们要感谢很多朋友和同事,他们提供了很多建议、点评和鼓励。特别的感谢送给马克·阿吉亚尔(Mark Aguiar)、马克·比尔斯(Mark Bils)、克里斯蒂·博尔奇(Christy Birtcher)、伊丽莎白·博斯基(Elizabeth Boskey)、凯瑟琳·坎贝尔·柯伯勒(Kathryn Campbell-Kibler)、布莱恩·卡普兰(Bryan Caplan)、凯特·查尔斯(Kate Charles)、芭芭拉·法拉鲍(Barbara Farabaugh)、丹·格雷森(Dan Grayson)、大卫·格雷森(David Grayson)、保罗·格雷森(Paul Grayson)、罗宾·汉森(Robin Hanson)、班尼特·哈斯尔顿(Bennett Haselton)、詹姆斯·A. 卡恩(James A. Kahn)、大卫·莱文(David I. Levine)、亚伦·曼德尔(Aaron Mandel)、迪·麦克洛斯基(Dee McCloskey)、大卫·墨民(David Mermin)、罗曼·潘克斯(Romans Pancs)、杰西·雷蒙德(Jesse Raymond)、迈克尔·里索(Michael Rizzo)、

大卫·利文斯通·史密斯（David Livingstone Smith），艾伦·斯多克曼（Alan Stockman），亚历克斯·塔巴洛克（Alex Tabarrok），艾丽丝·托尔曼（Ellis Tallman），丽莎·塔佩（Lisa Talpey），罗纳德·坦斯基（Ronald Tansky），贾柏·维拉格（Gabor Virag），迈克尔·沃尔科夫（Michael Wolkoff），以及我的母亲。如果有其他被我忘记提到的人，请接受我的歉意。

再次感谢罗森博格夫人。

不久之后我才发现
这是一段多么漫长奇异的旅程。
——感恩而死乐队（The grateful dead）

图书在版编目（CIP）数据

经济学家和我们想的不一样 / (美) 史蒂夫·兰兹伯格著 ; 周盟译. -- 北京 : 北京联合出版公司, 2024.3
（反套路经济学）
ISBN 978-7-5596-7324-4

Ⅰ. ①经… Ⅱ. ①史… ②周… Ⅲ. ①经济学－通俗读物 Ⅳ. ①F0-49

中国国家版本馆CIP数据核字(2023)第242965号

Simplified Chinese Translation copyright ©2024
By Hangzhou Blue Lion Cultural & Creative Co. Ltd
THE BIG QUESTIONS: Tackling the Problems of Philosophy with Ideas from Mathematics, Economics, and Physics
Original English Language edition Copyright ©2009 by Steven Landsburg
All Rights Reserved.
Published by arrangement with the original publisher, Free Press, a Division of Simon & Schuster, Inc.

经济学家和我们想的不一样

作　　者：[美]史蒂夫·兰兹伯格
译　　者：周　盟
出 品 人：赵红仕
责任编辑：孙志文
封面设计：王梦珂

北京联合出版公司出版
（北京市西城区德外大街83号楼9层　100088）
北京联合天畅文化传播公司发行
北京美图印务有限公司印刷　新华书店经销
字数176千字　880毫米×1230毫米　1/32　8.125印张
2024年3月第1版　2024年3月第1次印刷
ISBN 978-7-5596-7324-4
定价：49.80元

版权所有，侵权必究
未经书面许可，不得以任何方式转载、复制、翻印本书部分或全部内容
本书若有质量问题，请与本公司图书销售中心联系调换。电话：（010）64258472-800